AF523987

Ossi Heindl

Max Esterl und der schwarze Storch

Max Esterls neunter Fall

Impressum
Max Esterl und der schwarze Storch
Max Esterls neunter Fall
Autor
Ossi Heindl
Layout
Hans Schopf
Umschlaggestaltung
Nikola Šmídková, Euroverlag Pilsen; Foto: Euroverlag Pilsen
Herausgeber
Ohetaler Verlag
Finkenweg 13 • 94481 Grafenau
www.ohetaler-verlag.de
info@ohetaler-verlag.de
Tel. 08552 4200
in Zusammenarbeit mit
Verein „Karl Klostermannverein – Dichter des Böhmerwaldes e. V."

ISBN 978-3-95511-177-9

Inhaltsverzeichnis

Prolog

Jetzt war es höchste Zeit, dass er verschwand!

Professor Dr. Ludek Čáp packte hastig seine Koffer.

Das Wichtigste waren seine gefälschten Papiere. Pass, Approbation, Lebenslauf, Arbeitszeugnisse. Die hatten ihn eine Stange Geld gekostet. Aber das waren sie auch wert. Die feingliedrigen Finger des Biomediziners strichen über die glatte Fläche seines neuen, roten Reisepasses.

Zum Glück hatten seine Auftraggeber Wort gehalten.

„Wenn die Geschichte auffliegt, lassen wir dich nicht hängen", hatten sie versprochen. „Wir werden dir eine neue Existenz verschaffen."

Das war Ludek Čáp wichtig gewesen. Nie im Leben hätte er sonst seine Karriere aufs Spiel gesetzt, eine Karriere in der Pharmawirtschaft, in der er es weit gebracht hatte und die ihm ein Leben ermöglichte, von dem er noch zu seiner Studienzeit nicht zu träumen gewagt hätte.

Die zwei weißen Labormäntel legte Čáp zur Seite. Die würde er in Zukunft nicht mehr brauchen, an seiner neuen Stelle würde er ein feineres Tuch tragen. Seine Auftraggeber hatten ihm sogar die Wahl zwischen zwei möglichen Existenzen gelassen.

Die Stelle in der Forschung am Firmenzentrum in Basel hatte er ausgeschlagen. Zu gefährlich! Mit vielen KollegInnen zusammenzuarbeiten, die vom Fach waren und Insiderwissen sowie Informationen besaßen, die ihn belasten hätten können, das wäre nicht gutgegangen.

Da hatte er sich lieber für die Stelle in der bayerischen Provinz entschieden. Dort war die Wahrscheinlichkeit aufzufliegen um ein Vielfaches geringer, der neue Job brachte keine zu großen Belastungen und war trotzdem nicht schlecht bezahlt.

Die Gegend dort war sehr angenehm, reiche Leute zahlten viel, um da wohnen zu können.

Und es war eine Spielbank in der Nähe.

Dr. Čáp lächelte, während er seine alten Papiere in eine Mappe steckte. Die würde er bei seiner Schwester in Vimperk verstecken, dort waren sie sicher. Seine alte Heimatstadt würde die letzte Station auf seinem Weg über die Grenze sein. Dann würde alles Vergangenheit sein:

Seine Karriere an der Prager Karlsuniversität, seine Forschung zu den Covid-Tests, in der seiner Abteilung an der Uni in Prag ein großer Wurf gelungen war. Das waren die positiven Seiten.

Seine Spielschulden und die Erpressung durch die Schweizer Pharma-Konkurrenz, die Entwendung und der Schmuggel der von ihm mitentwickelten neuartigen, fast hundertprozentig genauen Corona-Schnelltests, das waren die negativen Seiten seiner wissenschaftlichen Karriere.

Der Tiefpunkt war dann im Frühjahr gekommen, als irgendwo im Šumava-Gebiet, dort wo sich Fuchs und Hase gute Nacht sagten, irgendein schon längst pensionierter deutscher Ex-Polizist ihren Schmuggel durch Zufall aufdeckte.

Jetzt blieb nicht mehr viel Zeit. Lange würde das Schweigen der Schmuggler im Gefängnis nicht halten. Bald würde alles auffliegen.

Dr. Čáp legte sorgsam seinen in Folie liegenden schwarzen Smoking in den großen Koffer. Den würde er wieder brauchen: In der Spielbank.

Kapitel 1: Das Geschenk

Weihnachten war bei Eva und Max Esterl schon immer ein Familienfest gewesen. Anna, die Ziehtochter der beiden, die seit dem Unfalltod ihrer Eltern bei Tante Eva und Onkel Max lebte, sollte in einer intakten Familie aufwachsen, das hatte Eva am Grabe ihrer Schwester versprochen.

Wegen seines Berufs als Kriminalkommissar hatte Max es allerdings nicht immer geschafft, am Heiligen Abend daheim in ihrer Vierzimmerwohnung im Münchner Stadtteil Haidhausen zu sein, gerade am Weihnachtsabend wurde Max Esterl zu den traurigsten Orten der Verzweiflung gerufen.

Beziehungstaten.

Zuviel hatte sich aufgestaut, das sich dann an diesen besonderen Tagen und Festen entlud.

Selbstmorde.

Gerade an den Feiertagen wurde vielen Menschen ihre Einsamkeit und die Sinnlosigkeit ihres Lebens erst richtig bewusst. Das ganze Jahr über hatten sie funktioniert und jetzt saßen sie daheim und wussten nichts mehr mit sich anzufangen.

Trotzdem hatte Max fast immer die Zeit gefunden, bei seiner kleinen Familie zu sein und zumindest zwei oder drei Stunden mit der Ziehtochter Anna und seiner Frau Eva, einer Lehrerin, zu feiern.

Heute, so sinnierte Max, heute würde es das erste Mal seit über einem Vierteljahrhundert nicht so sein:

Anna, die vor wenigen Monaten Mutter eines Mädchens namens Fini geworden war, verbrachte Weihnachten diesmal zusammen mit ihrem Freund Toni Ašnbrenr in dessen Heimatstadt Kašperské Hory/Bergreichenstein auf der tschechischen Seite des Böhmerwaldes. Tonis verwitwete

Mutter sollte auch etwas von ihrem Enkerl haben und Weihnachten nicht ganz einsam verbringen müssen. Anna hatte sich schon so auf das tschechische Weihnachtsfest mit dem traditionellen Karpfen und den zu Herzen gehenden böhmischen Weihnachtsliedern gefreut, dass ihre Stiefeltern ihr nicht böse sein konnten.

Dann feierten die halt ohne ihre Ziehtochter und das kleine Butzerl.

Es würde so und so ein ungewöhnliches Fest werden:

Seit die Esterln nach Maxens Pensionierung wieder in seine alte Bayerwaldheimat gezogen waren, hatten sie viele Freunde gefunden. Alte Freunde von Max aus seiner Jugendzeit, Evas Arbeitskolleginnen und -kollegen vom Gymnasium Zwiesel sowie ganz neue Freunde in Bayern und Tschechien, die Max Esterl durch seine Verwicklung in mehrere Kriminalfälle kennengelernt hatte.

Jetzt aber hatte die Corona-Pandemie das Gebiet diesseits und jenseits der Grenze fest im Griff. Die Fallzahlen waren im Herbst hochgeschnellt, es gab noch keine vernünftigen Medikamente gegen die Seuche und es würde noch einige Zeit dauern, bis es wirksame Impfstoffe gab.

Die einzige Möglichkeit, sich zu schützen, war die Isolation.

Also keine Besuche bei Freunden, kein Eisstockschießen, kein gemeinsamer Test der verschiedenen Weihnachtsbockprodukte der lokalen Brauereien, nicht einmal ein Wirtshausbesuch war erlaubt!

Die Christmette, und das schmerzte Eva und Max besonders, durfte nur am Fernsehapparat verfolgt werden, kein persönlicher Kontakt war möglich, kein Singen der altvertrauten Weihnachtslieder, kein freundlicher Gruß an die zahlreichen alten Bekannten in der Kirche. Und dann war auch noch Anna erstmals nicht daheim: Frohe Weihnachten sahen anders aus.

Der Weihnachtsabend bei den Esterln wurde aber dann doch schöner als Eva und Max erwartet hatten. Zwar kamen dem Ex-Kriminalkommissar fast die Tränen, als Eva und er im Duett „Stille Nacht“ sangen. (War das Trenzen nicht schon eine Alterserscheinung? So nah am Wasser hatte Max seiner Lebtag nicht gebaut!), aber bei der heuer sehr bescheidenen Bescherung hatte er sich längst wieder gefangen.

Die dicken Socken von der Nachbarin konnte Max gut gebrauchen, die fünf Bücher, die ihm seine Frau, die Deutschlehrerin, wie jedes Jahr unter den festlich geschmückten Baum gelegt hatte, würden ihm die finsteren und hoffentlich schneereichen Januar- und Februartage verschönern und die Langlaufschuhe, die er sich selber zum Geschenk gemacht hatte, würde er sicher bald einweihen können. Bis jetzt allerdings sah es nicht gut aus mit dem Schnee: Obwohl der Nikolaus durch beachtliche Schneewehen hatte stapfen müssen, war der Böhmerwald heute, am Heiligen Abend, nach dem Durchzug eines Regengebiets, graugrünbraun. Der Winter hatte sich auf die Berge zurückgezogen. Osser, Arber, Falkenstein, Rachel, Lusen und Dreisessel hatten noch weiße Hauben, aber die Täler waren schneefrei, nur an den Waldrändern zeigte sich hier und da noch ein „Ranfterl“ von der weißen Pracht.

Eva weckte ihren Mann aus seinen Gedanken:

„Schau, da ist noch ein Geschenk: Ein Kuvert von der Anna.“

Sie zeigte Max einen schön verzierten, länglichen Briefumschlag, auf dem Annas Schriftzüge zu sehen waren: „Für Eva und Max, meine Eltern“.

Schon wieder hatte Max mit Tränen zu kämpfen. So was kannte er eigentlich sonst nicht. Sollte er, der Zeit seines

Lebens immer eher leicht und vor allem positiv gestimmt war, jetzt plötzlich in die Depression verfallen?

Oder war das wirklich schon die Weinerlichkeit des Alters. Max konnte dieses Phänomen bei einer Tante beobachten, die schon bei der harmlosen Frage, ob ihr denn das Mittagessen schmecke, zu weinen begann und mit Fistelstimme erst ihre Appetitlosigkeit, danach alle ihre Altersleiden schilderte und ihren baldigen Tod ankündigte, während sie ihre Essensportion vertilgte, ohne auch nur einmal abzusetzen.

Oder war das nur ein Corona-Tief, das durch das Wettertief und die sonderbare Weihnachtsstimmung verstärkt wurde?

Verstohlen wischte sich Max die Augen, während seine Frau das Kuvert öffnete.

„Bin gespannt, was sie sich diesmal ausgedacht hat."

Noch während Eva las, versuchte Max, ihr Annas Karte aus der Hand zu nehmen.

Eva wehrte ab, indem sie Max mit der Karte auf die Finger klopfte.

„Sei nicht so neugierig, du kriegst es doch gleich! Lass mich zuerst in Ruhe lesen." Als Max immer noch Anstalten machte, einen Blick auf die Karte zu erhaschen, schüttelte Eva ihren Kopf:

„Wie ein kleines Kind, du bist wie ein kleines Kind, Max. Wenn du nicht alles sofort bekommst, wirst du ungeduldig. Warte halt noch einen Moment."

Während sie las, begann Eva zu lächeln, was Max natürlich noch neugieriger werden ließ.

„Also komm, gib her! Das kann doch nicht sein, dass eine Deutschlehrerin so lange braucht, um einen kurzen Text zu lesen."

„Es geht ja nicht um´s Lesen und Verstehen, Max, es geht ja auch um das Vergnügen, das Geschriebene auszukosten."

Jetzt war Max Esterl noch neugieriger geworden.

„Kruminale!"

Mit seinem Lieblingsfluch und einer schnellen Handbewegung brachte er die Karte in seinen Besitz, setzte seine Studierbrille auf und begann seinerseits zu lesen.

„Meine geliebten Eltern", stand da in Annas ein wenig nach links gerückter, schwungvoller Schrift.

„Ihr habt Zeit meines Lebens so viel für mich getan, dass ich Euch gar nicht genug danken kann. Und nun feiere ich das erste Weihnachten ohne Euch, seit ich denken kann. Aber ich bin in Gedanken bei Euch. Stille Nacht gesungen und den Christbaum bewundert, habt Ihr ja schon. Jetzt wird es Zeit für den ersten Weihnachtsbock, Max und für ein Gläschen Wein, Eva. Auf Euer Wohl!

Lest ruhig weiter, während Ihr den ersten Schluck trinkt.

Der Toni und ich haben uns lange überlegt, was wir Euch heuer zu Weihnachten schenken könnten. Unser Baby wird ja nicht als Christkindl unterm Weihnachtsbaum liegen, und so haben wir gedacht, dass unser Geschenk Euch helfen soll, die Zeit nach Weihnachten gut zu überbrücken.

Weil Ihr beide gerne Langlaufen geht und weil Ihr beide den Böhmerwald liebt, haben wir uns was ganz Besonderes einfallen lassen."

Auf der Karte klebte ein aus dem Internet kopierter Ausschnitt, der eine tiefverschneite Landschaft mit einer Langlaufloipe und einem Gasthaus im Hintergrund zeigte.

„Das ist die Pension Hones in Horská Kvilda/Innergefild. Die Wirtsleute dort sind ganz lieb, der Chef spricht gut Deutsch, das Essen wird Euch bestimmt schmecken, die Loipen führen gleich neben der Pension vorbei und sind unendlich. Und, Max: Es gibt dort Pilsener Urquell vom Fass.

Vier Tage in den Faschingsferien haben wir gebucht.

Toni kann übersetzen, wir beide und das Baby, die kleine Fini, sind nämlich auch dabei, und Ihr seid eingeladen!!!

Eure Anna und Toni mit Josefine."

Eva und Max blickten sich an. Erst sahen sie ein wenig unentschlossen aus: Sollten sie jetzt begeistert sein von dem Geschenk oder sich eher zurückhaltend freuen?

Eva fand als erste zu einem Kommentar:

„Events zu schenken ist ja der neue Trend, hab´ ich erst kürzlich in der Süddeutschen gelesen." Die Süddeutsche Zeitung gehörte für Eva als gebürtige Münchnerin und Deutschlehrerin zur täglichen Pflichtlektüre. „Also ich freue mich", fuhr sie fort, „wenn das Wetter und die Schneelage gut sind, können wir drei Tage in grandioser Landschaft langlaufen. Und wenn das Wetter schlecht ist, kann ich drei Tage lesen, ohne von irgendetwas oder -jemandem gestört zu werden. Aber das Wetter wird bestimmt herrlich, Max, und wir werden die karge, schneereiche Höhenlage genießen.

Es soll ja dort oben aussehen wie in Norwegen, hat mir eine Kollegin vom Gymnasium gesagt."

„Aber es ist etwa1500 Kilometer näher als Norwegen."

Max Esterl sah die Sache praktisch. „Eine Stunde Anfahrt und du bist in einer anderen Welt! Und mir würde es schon reichen, nur am Vormittag auf Langlauftour zu gehen. Ein kleiner Mittagsschlaf, ein Nachmittagskaffeetscherl mit Golatschen – und dann Karl Klostermann lesen bis in den Abend."

Max verstummte und spann seine Rede in Gedanken weiter.

Direkt an den Klostermannschen Originalschauplätzen würden sie Urlaub machen: In Horská Kvilda/Innergefild, der Heimat des Böhmerwaldriesen Sepp Rankl, dem der große Schriftsteller Karl Klostermann in seinem Roman „Im Böhmerwaldparadies" ein literarisches Denkmal gesetzt hatte, nahe Mader/Modrava, wo die Romanfiguren Klostermanns sich so häufig im Wirtshaus getroffen hatten und schließlich nicht weit von Rehberg/Srní, von woher die Familie des Schriftstellers stammte und wo auch die zu Herzen gehende Erzählung „Das rote Herz" handelte.

Eva sah ihrem Mann an, dass er sich mit dem Inhalt des Gutscheins anzufreunden begann.

„Nur eines macht mir ein wenig Sorgen."

Eva blickte Max fragend an. „Was?"

„Was ist mit der kleinen Fini? Langlaufen kann sie noch nicht, dann muss ja immer jemand mit ihr in der Pension bleiben:"

„Ach, Max, du wirst ja schön langsam weltfremd. Anna nimmt den Kinderwagen mit, dann kann jeder von uns einmal mit der Kleinen spazieren gehen, oder wir nehmen einen Schlitten. Das wär doch was: Du und ich als stolze Großeltern mitten im Böhmerwald!

Außerdem haben Anna und Toni bestimmt ein Tragetuch oder eine Vorrichtung, um das Butzerl zum Langlaufen mitzunehmen." Als Eva die zweifelnden Blicke ihres Gatten sah, fügte sie hinzu: „Das ist doch überhaupt kein Problem. Wenn Anna ein wenig vorsichtig ist, dann kann gar nichts passieren, die Strecken dort werden nicht gerade hochalpin sein, Anna fährt im Böhmerwald und nicht auf der Streif. Sie ist doch auch sehr sportlich. Und Toni, du und ich, wir passen schon auf sie auf."

Max war beruhigt. Leichte Strecken, hügelige Landschaft, das klang gut.

Wenn sogar Eva zustimmte, die sonst immer die Bedenkenträgerin war, dann war alles in Ordnung.

Kapitel 2: Horská Kvilda

Ab Bayerisch Eisenstein war es ungemütlich geworden. Der Schneefall hatte zugenommen, die Scheibenwischer schafften es fast nicht mehr, die dicken Schneeflocken zur Seite zu räumen, die der Wind gegen die Frontscheibe ihres Autos patschte. Wo die Scheibenwischer nicht hinkamen, hatte sich eine mehrere Zentimeter dicke Pressschneeschicht auf dem Glas gebildet und Max Esterl sah nur noch den Ausschnitt von der Straße, den ihm die Wischerblätter freischaufelten. Angestrengt und nach vorne gebeugt, so als ob er dadurch besser sehen könne, lurte Max seinen beiden Scheinwerferkegeln nach in die Dunkelheit, aus der die Schneeflocken sich lösten und in rasender Geschwindigkeit auf ihn zuflogen.

Bis Eisenstein war ihre Fahrt noch ohne Probleme verlaufen…

Es hatte geregnet und es war nebelgrau gewesen, eigentlich ungewöhnlich für den Februar im Bayerwald. Wo sonst eine geschlossene Schneedecke die Waldlandschaft überzog, sah man dieses Jahr viele graue und braune Flecken, nur in den Hochlagen hielt sich der Winter noch. Auf den Schachten, den Hochweiden des Waldgebietes, lag allerdings genug Schnee. Eva und Max hatten dies einige Tage vorher selber bei einer Langlauftour feststellen können: Die aus rohen Baumstämmen gezimmerten Bänke und der Tisch vor der Unterkunftshütte am Verlorenen Schachten waren ausgeschaufelt worden und Eva und Max waren dort gesessen, umgeben von einer meterhohen Schneewand, und hatten Brotzeit gemacht. Die Sonne hatte so stark auf die Glatze des Ex-Kommissars geschienen, dass er sogar seine vom schweißtreibenden Aufstieg durchnässte Skihaube wieder aufsetzen musste. Und das Ende Januar!

Und dann, einige Tage später hatte es zu regnen begonnen. Jetzt aber, kaum dass Eva und Max Esterl sich der Grenze genähert hatten, schneite es auf jeden Fall, was das Zeug hielt.

Die Vietnamesenmärkte in Železná Ruda/Markt Eisenstein hatte Max Esterl nur aus den Augenwinkeln gesehen. Sie schauten verrammelt und verschlossen aus. Kein deutscher Tourist würde heute nach den Ramschwaren fragen, die dort den ganzen Sommer über so fleißig vertickt wurden. Max Esterl war es so vorgekommen, als ob Eva und er überhaupt die einzigen deutschen Touristen waren, die heute hier im Böhmerwald unterwegs waren.

Egal, auf alle Fälle musste Max bald abbiegen. Fast hätte er im Schneetreiben die Abzweigung verpasst: Der Wegweiser war schneebedeckt und die Schrift darauf war nicht zu erkennen. Von dem Wort „Hartmanice", das nach der Erinnerung von Max Esterl wohl in weißen Buchstaben auf dem blauen Schild stand, war nur noch ein „ice" übriggeblieben. Alles andere war weiß, ebenso weiß wie die Straße vor ihm. Max musste lachen: „Schau, Eva, auf dem Straßenschild da vorne steht genau, wo wir hinfahren. Aber auf Englisch: ICE!"

Zum Glück verlief die Straße die nächsten Kilometer schnurzengerade durch den hohen Böhmerwald.

Trotzdem hatte der Ex-Kommissar sein Tempo erheblich reduziert. Mit kaum mehr als 40 Stundenkilometern schlich sein alter Kangoo an der Gerlhütte vorbei Richtung Nova Hurka/Neuhurkenthal. Dort musste er aufpassen, weil sich die Richtung der Straße änderte. Eine „gache" Linkskurve führte in den „Schnepfenstrich", eine Ansammlung weniger Häuser und eine ebenso gache Rechtskurve brachte das Auto wieder in die alte Richtung.

Hoppla, da wären die Hinterreifen fast ausgebrochen! Max Esterl konnte den Wagen gerade noch stabilisieren und mit ein wenig Beschleunigung wieder auf den rechten Weg bringen. Auf ein paar Dellen mehr oder weniger kam es Max bei seinem alten Kombi nicht an, aber ein Rutsch in die Schneerangen konnte natürlich üblere Folgen haben.

„Nicht heute!", ging es Max durch den Kopf, während er seiner Frau Eva, die einen kleinen Überraschungsschrei ausgestoßen hatte, beruhigend die rechte Hand auf den Oberarm legte.

Heute war der erste Tag ihres Skiurlaubs im Böhmerwald und sie waren unterwegs nach Horská Kvilda/Innergefild, wo sie ihr Weihnachtsgeschenk erwarten würde: Der Langlaufurlaub.

Nach Sluči Tah, dem Schnepfenstrich, ging es nochmals eine Weile geradeaus, bis dann die Straße nach Prášily/Stubenbach abbog. Obwohl in der weißen Finsternis kein Verkehrszeichen und keine Hinweistafel mehr erkennbar waren, würde Max die Abzweigung nicht verfehlen. Genau dort stand nämlich das einzige Haus, das den Krieg und die danach folgende Wüstung überlebt hatte, ein mittlerweile zur Ruine verfallenes ehemaliges Wirtshaus. Ein Großonkel von Max, der vor dem Krieg als stolzer Postbus-Chauffeur die Böhmerwaldlinie gefahren war, hatte Max vor langer Zeit erzählt, dass sie mit ihrem Bus an diesem Wirtshaus regelmäßig eine halbe Stunde gehalten und eine Maß Bier getrunken hatten.

Die Straße nach Prášily erwies sich als noch schmaler und tückischer. Kein Räumfahrzeug hatte bis jetzt den Weg hierher gefunden, nur eine schon wieder halb zugewehte Autospur führte Richtung Stubenbach.

Als die Schneerangen am Straßenrand immer höher wurden, beschlich Max Esterl langsam ein ungutes Gefühl.

Wenn ihnen jetzt etwas passierte, waren sie in dieser Schneeeinsamkeit völlig auf sich alleine gestellt. Wer weiß, wann das nächste Auto vorbeikam, sinnierte der Ex-Kommissar, Handyempfang würde hier auch keiner sein und sich zu Fuß durch den Schnee bis nach Stubenbach durchzukämpfen würde sicher zwei Stunden oder länger dauern.

Max räusperte sich, rutschte noch etwas weiter nach vorne und starrte angestrengt in das weiße Chaos, in dem selbst die gestochen scharfen Halogenscheinwerfer keine Ordnung schaffen konnten.

Ständig verwirbelten und verwischten sich die Konturen, nichts war mehr klar zu sehen, alles war in wildester Bewegung, immer wieder sorgten Sturmböen dafür, dass Max die Geschwindigkeit des Wagens auf Schritttempo reduzieren musste. Zu langsam aber durfte er auch nicht werden, sonst blieb sein Auto womöglich im inzwischen mehr als kniehohen Schnee stecken.

Eva hatte den Räusperer und die Bewegung ihres Gatten richtig gedeutet.

„Ekelhaft zu fahren, Max!?“

„Bin froh, wenn wir wenigstens in Rehberg sind, dort wird es vielleicht etwas besser.“

Max erinnerte sich an die Erzählungen Karl Klostermanns, in denen er oft schilderte, welche Schneemassen den Böhmerwald damals, im späten 19. Jahrhundert schier erdrückt hatten.

Auf seinem Weg von der Schule in Pisek heim ins weihnachtliche Bergreichenstein war der Gymnasiast Klostermann die ganze Nacht in so einem Schneetreiben unterwegs gewesen, hatte sich verirrt und war nur dank der Hilfe braver Leute wieder auf den rechten Weg gekommen.

Mutterseelenalleine durch die stockfinstere Sturmnacht, ohne Licht, Max Esterl war von der Erzählung „Auf dem Weg nach Hause“ schon immer besonders angerührt gewesen. Jetzt aber konnte er die Gefühle des Böhmerwalddichters auf seinem gefährlichen Weg noch besser verstehen.

„Handy hat er auch keins gehabt“, entfuhr es Max unwillkürlich.

„Wer hat kein Handy gehabt?“

„Ich denk grad laut, Eva. Eigentlich ist´s ein Schmarrn. Ich denke an die Zeiten vom Klostermann, was da für Schneemassen im Böhmerwald lagen, da ist das heutige Schneewerl ein Pipifax dagegen. Und wir tun so, als wäre es der Weltuntergang. Du kennst ja die Schilderung, wie der Oberschüler Karl Klostermann an Weihnachten heimgegangen ist. Das hätte ihm auch sein junges Leben kosten können.“

„Das war schon nicht ungefährlich, aber das war noch gar nichts gegen das, was der Klostermann über seinen Vater und seine „Weihnachten im Schnee“ erzählt hat. Du weißt schon.“

Natürlich erinnerte sich Max an die traurige Geschichte vom jungen Dr. Klostermann, der als Arzt zu einem verunglückten Holzhauer in den hohen Böhmerwald gerufen worden war und in der Holzhauerhütte mit der Familie des zwischenzeitlich Verstorbenen eingeschneit und erst nach drei schrecklichen Tagen von anderen Dorfbewohnern wieder ausgeschaufelt und befreit worden war. Wer diese anrührende Erzählung gelesen hatte, würde sie wohl niemals vergessen können.

„Prášily“, kommentierte Max lakonisch, als sie das Dorf passierten. Ab jetzt wurde die Straße kurvenreicher, aber zum Glück kam ihnen nach wenigen Metern ein Räumfahrzeug entgegen, sodass die Straße nach Srní wenigstens halbseitig passierbar war. Max machte sich auf Gegenverkehr gefasst aber kein einziges Auto kam ihnen entgegen. Die Tschechen waren gescheit: Sie ließen ihre Škodas bei so einem Wetter in der Garage.

Auch die Straße von Srní nach Modrava, den Fluss Vydra entlang, war einigermaßen frei. Am Ortsausgang von Modrava aber, dort, wo linker Hand das Hotel „Klostermann-Chata" stand, und wo die Straße nach Kvilda/Außergefild steil nach oben ging, sah Max Esterl schon von unten, dass ein tschechischer Kleinbus gerade dabei war, den Kampf gegen die Schneeglätte zu verlieren.

Max manövrierte seinen Wagen an den Straßenrand, stoppte und sah zu, wie der Kleinbusfahrer vergeblich versuchte, die Steigung zu bezwingen. Er schlingerte von einer Straßenseite zur anderen, kam aber nicht vorwärts, im Gegenteil, Max hatte das Gefühl, dass der Kleinbus trotz Vollgas immer weiter nach unten rutschte.

Mit Schwung würde er es vielleicht schaffen, überlegte Max Esterl, der eigentlich ein guter „Winterpilot" war, mit Schwung und den guten neuen Winterreifen, die er zum Glück vor Weihnachten aufziehen hatte lassen.

Aber erst müsste der Kleinbusfahrer einsehen, dass seine Bemühungen sinnlos waren und den Weg freimachen. Ihn zu überholen war viel zu riskant. Wenn der Bus wieder zur Seite hin ausbrach, würde kaum genügend Platz zum Ausweichen sein.

Jetzt endlich, nach langen Minuten, hatte der Kleinbusfahrer die Sinnlosigkeit seiner Bemühungen eingesehen und den Rückzug angetreten. Langsam stotterte der Bus sich rückwärts nach unten, immer wieder leuchteten die roten Bremslichter grell inmitten des Schneesturms.

„Jetzt!" Der Bus war am unteren Ende der Steigung angelangt und hatte Platz gemacht, Max Esterl beschleunigte seinen Wagen, ohne dass seine Reifen durchdrehten. Etwa fünfzehn Meter auf der Ebene mussten reichen. Dann begann die Steigung.

Den steckengebliebenen Bus passierte Max Esterl noch spielend, auch die ersten fünfzig Bergmeter waren kein Problem.

Nur jetzt das Gas so dosieren, dass die Reifen griffen, jedoch nicht durchdrehten. Das war Gefühlssache, aber der Ex-Kommissar hatte genug Erfahrung mit winterlichen Straßen. Früher, in seinen jungen Jahren waren die Schneemengen größer und die Reifen schlechter gewesen. Jetzt kam ein etwas flacherer Straßenabschnitt und Max Esterl konnte den Wagen wieder ein wenig beschleunigen.

Hoppla! Max bekam einen Schreck! Kruminale! Eine Rechtskurve hatte ihn, der sich vollkommen aufs Gasgeben konzentriert hatte, so überrascht, dass er fast nicht mehr reagieren hatte können. Er hatte sein Steuer überhastet herumgerissen, war ins Schleudern geraten und sah sich auf einen Straßenbegrenzungspfosten zurasen. Instinktiv gab Max nochmals Gas und steuerte gegen die Schleuderbewegung, aber nur ein wenig. „Kruminale!", entfuhr es Max nochmals, während der Wagen einige Male hin- und herschlingerte.

Aber das Auto kam wieder in die richtige Spur, die Geschwindigkeit stimmte noch und der gache Berg schien endlich in eine langsam ansteigende Gerade überzugehen.

„Da haben wir aber Glück gehabt", hörte Max Esterl die Stimme seiner Frau, der ein leichtes Zittern anzumerken war. „Wenn uns da ein anderes Fahrzeug entgegengekommen wäre, dann wäre es aus gewesen!"

„Ach was, da hätte man schon ausweichen können", brummte Max Esterl, obwohl er wusste, dass seine Frau Recht hatte. Er mochte gar nicht daran denken, was passieren hätte können. Die nächsten paar Kilometer schwiegen die beiden. Die Schneemassen empfanden sie mittlerweile als bedrohlich.

Kein schöner Start in den Skiurlaub!

Wie würde es Anna und Toni ergangen haben, die von der anderen, der Bergreichensteiner Seite her gestartet waren?

Nur dank ihres Navi erreichten Eva und Max die Pension, in der Toni für sie gebucht hatte. Niemals hätten sie die Abzweigung dorthin gefunden, die völlig vom Schnee verweht war.

Ihre Freude war groß, als sie entdeckten, dass Tonis Škoda schon auf dem Parkplatz stand. Lange konnten er und Anna noch nicht da sein, auf der Motorhaube ihres Autos verdampften die Schneeflocken noch, während ihre Reifenspuren schon wieder verweht worden waren.

Beide, Eva und Max hatten denselben Gedanken, als sie aus ihrem warmen Auto in den Schneesturm hinaustraten:

„Zum Glück haben wir genug zum Lesen dabei.“ Skifahren war bei diesem Sauwetter wohl nicht möglich. Schon die paar Meter zur Pension hatten gereicht, um sie so mit Schnee zu bedecken, dass sie sich im Hausgang erst einmal ausbeuteln und von ihrer weißen Last befreien mussten. Die Skier und das Gepäck hatten sie im Wagen gelassen. Sie hatten ja den ganzen Nachmittag Zeit, um auszupacken.

In der gemütlichen Gaststube wurden die Esterln schon von Anna und Toni erwartet und mit einem Gemisch aus Tschechisch, Bairisch und Deutsch begrüßt. Die kleine Fini lag schlafend in ihrem Kinderwagerl.

Max überlegte sich, ob er die gut überstandene Fahrt nicht mit einem Bierchen begießen sollte, aber die Jungen hatten was dagegen:

„Auf geht´s“, befahl Anna, „wenn Ihr Euer Zimmer bezogen habt, könnt Ihr Euch gleich umziehen zum Langlaufen.

Wir haben für heute eine leichte Strecke ausgesucht. Zwei Stunden etwa wird´s dauern."

Als Anna die Blicke vom Max bemerkte, setzte sie noch hinzu: „Lockere zwei Stunden, Max. Und dann gibt´s Kaffee und Kuchen."

Der Langlaufausflug war tatsächlich nicht sehr anstrengend gewesen. Die Strecke hatte weder besonders lange Steigungen, noch extra schwierige Abfahrten, sogar Eva, die mit dem skifahrerischen Können der anderen drei nicht ganz mithalten konnte, war begeistert. Anna hatte ihr Butzerl in einer Art Schal am Körper getragen. So hatte es das Kind warm und war geschützt gegen alle Unbillen des Winterwetters. Alles war gut gegangen.

Lediglich der Schneesturm machte den Langlauftouristen zu schaffen. Die Brillen beschlugen ständig, man musste die Abfahrten fast im Blindflug nehmen und sich darauf verlassen, dass die Loipengestalter nicht irgendwo eine lebensgefährliche Kurve eingebaut hatten. Das Licht war diffus und manchmal mussten die Vier die Spur eher erahnen: Alle Konturen in der Umgebung hatten sich zu einer weißgrauen Masse verschmolzen, weiter als zehn Meter reichte die Sicht kaum.

Nach etwa einer halben Stunde hatte Max zu dampfen begonnen, das Frösteln der ersten Minuten hatte sich in eine angenehme Wärme verwandelt, seine Langlaufbrille hatte der Ex-Kriminaler schon lange abgenommen, seine Augen hatten sich an die immer noch heftig herantreibenden Schneeflocken gewöhnt und seine Bewegungen waren rhythmischer geworden. Max begann Freude am Dahingleiten zu finden. Kruminale! Er hatte das Gefühl, noch ewig so dahinlaufen zu können.

Nur die Arme wurden nach und nach zu Pudding. An seinen kraftlosen Oberarmen merkte Max, dass er den ganzen

Sommer lang wieder nichts für seine Oberkörpermuskulatur getan hatte.

Vom Schafkopfen allein, so bedauerte Max, bekam man halt keinen ordentlichen Bizeps, selbst wenn man die Karten noch so kräftig auf den Tisch drosch.

Nach eineinhalb Stunden waren die Esterln doch froh, dass ihr Quartier sich plötzlich aus dem weißen Schneeeinerlei heraushob. Die letzten fünfzig Meter ließen die Vier ihre Skier auf der sanft nach unten bis zur Pension auslaufenden Loipe dahingleiten.

Jetzt würde der Nachmittagskaffee schmecken! Danach duschen und bis zum Abendessen noch ein wenig lesen.

So hatten sich die Esterln ihren Langlaufurlaub vorgestellt. Genau so. Kruminale!

Nach dem Abendessen blieben die vier Urlauber noch ein wenig sitzen. Anna hatte das Babyphon eingeschaltet, das sofort Alarm geben würde, wenn Fini sich rührte. Max hatte seine Füße wohlig unter den Tisch gestreckt und orderte gerade sein zweites Pivo, die anderen ließen sich einen Espresso schmecken.

Toni Ašnbrenr sah zu Max Esterl herüber.

„Was ich heutä in tschechisch Nachrichten gehärt, Maxe, is auch fir dich inträssant."

„Was hast denn g´hört, Toni? Ist das Bier teurer geworden? Das wäre keine gute Nachricht. Kruminale!"

Im folgenden Gespräch, dem auch die beiden Frauen gespannt folgten, stellte sich heraus, dass alle tschechischen Sender von dem mysteriösen Verschwinden eines Prager Wissenschaftlers berichtet hatten, der an einem Forschungsprojekt mit Coronatests beteiligt war.

Sofort wurde Max Esterl hellhörig.

„Glaubst du, das ist der…?“

„Ja genau d e r!“

Vor nicht allzu langer Zeit hatten Toni, Anna und Max der Polizei geholfen, an der bayerisch-tschechischen Grenze Schmuggler zu fassen, die im großen Stil Coronatests nach Bayern gebracht hatten. (Siehe „Max Esterl und das Virus“!)

Die Coronatests waren damals noch im Versuchsstadium gewesen und in einem Forschungszentrum der Karls-Universität in Prag gestohlen worden. Die Drahtzieher dieses Verbrechens waren nicht gefunden worden und die tschechische Polizei ermittelte immer noch.

„Schwär Vrdacht lags auf Obrarzt in Forschungszentrum. Polizei war kurz vor Vrhaftung. Jetzt is wäg. Vrschwundän. Ludek Čáp is sein Name. Professor Doktor Ludek Čáp.“

„Der Storch ist ausgeflogen“, mischte sich Anna ein, die mittlerweile schon ganz passabel Tschechisch sprach. Max beneidete sie darum. Er kam immer noch nicht über ein paar Begrüßungsformeln und die Übersetzung einer Speisekarte hinaus.

Dass Čáp auf Deutsch Storch hieß, hätte er allerdings auch sagen können. Er hatte nur nicht angeben wollen. Und jetzt erntete seine Stieftochter den Applaus. Kruminale!

Max Esterl dachte daran, dass er wieder mal Pepi Holub anrufen sollte. Pepi war ein hohes Tier bei der westböhmischen Polizei in Pilsen und seit langem ein Freund von Max. Er würde sicher mehr wissen, als die Nachrichten brachten.

Jetzt aber orderte Max sein drittes Bier, die Gespräche nahmen eine andere Wendung, der Wirt, ein älterer Herr, der noch den schon fast ausgestorbenen Dialekt der deutschen Böhmerwäldler sprach, war an ihren Tisch gekommen.

Nachdem der Wirt durch Toni Aŝnbrenr erfahren hatte, dass mit Eva und Max zwei begeisterte Leser des

Böhmerwalddichters Karl Klostermann am Tisch saßen, erzählte er ihnen einige Geschichten des „Böhmerwaldriesen" Josef Klostermann vulgo Rankl Sepp, eines nahen Verwandten des Schriftstellers, der hier, in Innergefild, vor über hundert Jahren gelebt hatte.

Weit über zwei Meter sei er groß gewesen der Sepp, berichtete der Wirt, und er habe über unglaubliche Kräfte verfügt. Bei einer Rauferei im nahegelegenen Polauf-Wirtshaus habe er, nach vergeblichen Schlichtungsversuchen, die Schläger mit den Schädeln zusammengestoßen und im hohen Bogen aus dem Wirtshaus geworfen.

„Wie der Bud Spencer im Westernfilm", entfuhr es der Anna.

„Wenn ich mich nicht irre, kommt der Rankl Sepp auch in einem der Romane Karl Klostermanns vor." Evas Einwurf machte Eindruck:

„Guat!", lobte der Wirt. „Ös kennts enk aus. Im Böhmerwoldparadies hoaßt der Roman."

Max Esterl hätte den alten Böhmerwalddialekt, den der Wirt noch von seinen Eltern her draufhatte, am liebsten den ganzen Abend gehört. Er rief Erinnerungen an seine eigene Kindheit wach, als, nach deren Vertreibung, eine Böhmerwäldlerfamilie in seinem Elternhaus einquartiert war und er als kleiner Bub vor allem mit dem Familienvater Freundschaft geschlossen hatte. Die hellen, offenen „a"-Laute bei Paradies klangen für ihn wie ein Gruß aus seiner Kindheit.

Vor lauter Begeisterung bestellte sich Max ein viertes Bier, was ihm einen warnenden Ellbogenpuffer seiner Frau Eva einbrachte.

Nachdem der Wirt das Bier serviert hatte, schilderte er seinen Gästen den Verlauf einer besonders schönen Strecke, die sie morgen gehen wollten. Sie führte ganz nahe an dem

Tal vorbei, in dem das Häuserl des Rankl Sepp gestanden hatte und das heute noch die „Ranklau“ genannt wurde.

„S´Weda wird guad!“, hatte ihnen der Wirt nachgerufen, als sie sich auf den Weg in ihre Zimmer gemacht hatten.

Seit langem hatte Max nicht mehr so gut geschlafen wie diese Nacht. Ein einziges Mal war er zum Bieseln aufgestanden. Da hatte Max nicht einmal Licht machen müssen, trotz der fremden Umgebung. Der Mond hatte durch das Dachfenster gelurt und ihr Zimmer in sein kasiges Licht getaucht.

„S´Weda wird guad“, hatte der Ex-Kommissar noch gemurmelt, ehe er wieder einschlief.

Kapitel 3: „Dobra Weda“

Das Wetter war wirklich gut am nächsten Tag. Ein Wintermorgen, so eiskalt, dass das Wasser des nahe an der Pension vorbeifließenden Baches direkt dampfte. Die Sonne hatte, als Max Esterl nach dem Frühstück auf den Balkon ihres Zimmers getreten war, gerade begonnen, erste Strahlen durch die Bäume des benachbarten Waldes zu schicken. Überall lag jetzt meterhoch der frisch gefallene Schnee. Schnee, der weich und feinpudrig war, Schnee, der alle Geräusche dämpfte, der einem das Gefühl gab, alles sei in Watte gepackt, in Watte, die jetzt, wo die Sonne drauf schien, zu glitzern begann.

Trotz des Sonnenscheins hielt Max es nicht lange auf dem Balkon aus. Ein frostkalter Ostwind ließ ihn erschauern und trieb ihn wieder ins Zimmer zurück, wo Eva gerade dabei war, sich umzuziehen.

Max beutelte es ab, als er in den noch schlafwarmen Raum trat.

„Zuig da de lang Unterhosn o“, beschied er seiner Frau. „An eiskoita Böhmwind wachlt heit. Da wird´s dir d´Finger zammgfrean!“

Als Eva und Max aus der Tür des Skiraums ins Freie traten, die Jungen waren noch damit beschäftigt, das Baby zu füttern und zu „verpacken“ und wollten später nachkommen, da wehte ihnen der Ostwind fast die Skier aus den Händen. Aber jetzt gab es kein Zurück mehr. Max und Eva stemmten sich gegen den Sturm und warfen sich buchstäblich in die erstaunlich gut präparierte Loipe.

„Wir müssen schauen, dass wir zum Wald rüber kommen. Da wird es dann nicht mehr so gach wacheln, da wird´s leichter!“, rief Max seiner Eva zu. Sie nickte zwar, aber Max war sich nicht sicher, ob sie auch alles verstanden hatte, so laut pfiff der Wind.

Die ersten zehn Minuten ihrer Langlauftour fror es Max Esterl bis in die Knochen. Zwar hatte er seiner Frau den Rat gegeben, sich warm einzupacken, selber aber hatte er eher leichte Sachen angelegt, schwitzen würde er sowieso bald von der sportlichen Betätigung, und dann waren die warmen Kleider eher hinderlich.

Max mochte es nicht, wie seine Frau, alle paar Augenblicke ein Kleidungsstück an- oder auszuziehen. Wenn es ihm kalt war, legte er halt einen Zahn zu und wenn er schwitzte, würde der Wind bei der nächsten Abfahrt schon kühlen. Eva wunderte sich immer wieder, dass ihr Mann sich mit seinem Verhalten nicht den Tod holte, aber Max hatte kaum einmal eine Erkältung.

„Abhärten muss man sich", war seine Erklärung, „was hätten denn die Leute hier im Böhmerwald früher getan? Die hatten keine zweite Garnitur zum Wechseln und sowas wie atmende und die Nässe nach außen transportierende Unterwäsche."

Die Holzreißer, die noch zu Maxens Jugendzeit ihre Schlitten kilometerweit steil hinauf in die Wälder gezogen, diese dann mit schweren Blöchern beladen und anschließend unter größter Gefahr heruntergelenkt hatten, die Flößer, die auf den eiskalten Bayer- und Böhmerwaldflüssen die Holzstämme flussabwärts, der Donau oder der Moldau zutrieben und bis zur Hüfte hoch ständig nass waren, die Säumer und Fuhrleute, die mit ihren Pferden den unwirtlichen Nordwald querten: Sie alle hatten wohl mehrmals am Tag ihre Kleider durchgeschwitzt und waren nicht gleich jedes Mal krank geworden.

„Eha! Kruminale!" Fast hätte Max Esterl bei seinen Gedanken übersehen, dass die vor ihm laufende Eva ihren ersten

Kleiderwechselstopp machte. Die dicke, ärmellose Daunenjacke musste in den Rucksack. Max wechselte die Spur und überholte. Jetzt war ihm kaum mehr kalt und in wenigen Minuten würde er auf „Betriebstemperatur" sein.

Die zwei Esterln hatten inzwischen das Tal des Bächleins durchquert, das sich unterhalb ihrer Pension dahinschlängelte. In kurzer Zeit erreichten sie den Wald, der sich von hier bis zu einem mächtigen Berg hinzog. Hier konnte der Wind nicht so viel ausrichten, und so machten die zwei eine kurze Pause.

Der Bach, auf den die beiden jetzt zurückschauten, das hatte der ortskundige Toni den Esterln gestern schon erklärt, war der Hammerbach. Eva und Max kannten ihn von den Romanen des von ihnen so geschätzten Böhmerwalddichters Karl Klostermann her. Die gesamte Landschaft hier, sogar einige der Häuser hatte der Klostermann immer wieder in seinen Werken so genau und wirklichkeitsgetreu beschrieben, dass diese Skiwanderung für die beiden fast so eine Art Deja-vu-Erlebnis wurde.

Nur die Menschen hier sprachen seit der Vertreibung der Böhmerwäldler nach dem Zweiten Weltkrieg zum größten Teil nicht in derselben Sprache. In den Romanen und Erzählungen Klostermanns aber lebte diese alte Zeit weiter, und Eva war sicher, dass diese Werke Klostermanns zusätzlich zu ihrer erzählerischen Kraft irgendwann noch eine große Bedeutung als Zeugnisse einer längst vergangenen Epoche bekommen würden.

Auch wenn der Klostermann selber sich im Laufe seines Lebens mehr der tschechischen Seite zugewandt hatte, so hatte er doch nie geleugnet, dass er ein Sohn deutschsprachiger Böhmerwäldler war. Er hatte den Böhmerwald aus deren Sicht beschrieben und hatte immer den Ausgleich zwischen den beiden Bevölkerungsgruppen gesucht. Max war sich sicher, dass Klostermann die brutale Vertreibung seiner Landsleute, die kaum ein Vierteljahrhundert nach seinem Tod stattfand, niemals gutgeheißen hätte. Genauso schlimm wären für ihn aber auch die schauerlichen Verbrechen gewesen, die die Nazis vorher, nur fünfzehn Jahre nach seinem Tod an seinen Tschechen verübt hatten.

Zeitlich also war der Böhmerwalddichter gar nicht weit weg gewesen von den Jahren, die aus dem Böhmerwald endgültig die Šumava machten:

Der Reichstatthalter Heydrich, dessentwegen die Einwohner des Dorfes Lidice vernichtet wurden, war 1923, im Todesjahr Karl Klostermanns, immerhin schon 19 Jahre alt gewesen, also quasi ein Zeitgenosse. In Klattau/Klatovy, der Schulstadt von Klostermann, hatte die SS ein Schreckensregime errichtet und um die 500 Juden in die Gaskammern deportiert. Karl Klostermann, so wusste Max Esterl aus einigen seiner veröffentlichten Briefe, war zwar, wie so viele in der Habsburger Monarchie, kein großer Freund der Juden gewesen. Aber das, was hier geschehen war, da war sich der Ex-Kriminalkommissar sicher, hätte den Dichter und Humanisten mit tiefster Abscheu erfüllt.

Auch wenn es zynisch klang, dachte Max bei sich: Irgendwie konnte der Klostermann froh sein, dass er dies alles nicht mehr erleben hatte müssen.

„An was denkst du gerade?“, holte Eva den Max wieder in die Gegenwart. Max schüttelte den Kopf und verscheuchte die Bilder aus der Vergangenheit. Der heutige Tag war so schön, den galt es zu genießen und sonst nichts. Max Esterl stemmte seine Skistöcke in den Schnee und schob sich vorwärts, hinein in den Wald. In den Böhmerwald. In die Šumava, die ihrem tschechischen Namen die „Rauschende“ heute alle Ehre machte.

So glitten die beiden Esterln auf ihren Skiern dahin durch den Wald auf einer Loipe, die offenbar heute Morgen frisch gespurt worden war, sie freuten sich über den herrlichen Tag und sie vergaßen alles um sich herum und gaben sich dem gleichmäßigen Wechsel von Anschieben und Gleitenlassen hin.

Der frische Schnee dämpfte alle Geräusche, sie hörten nur ihre eigenen Atemzüge und das leise Knirschen ihrer Skier in der Spur. Hin und da schreckte sie das Knacken eines unter der Schneelast sich biegenden und dann befreit zurückschnellenden Astes. Sekundenbruchteile später dann das dumpfe Geräusch der aus mehreren Metern Höhe fallenden weißen Lawine, die der schon auf Meterhöhe angewachsene Bodenschnee mit einem fast unhörbar schlurfenden Schmatzen schluckte.

Max verspürte das Bedürfnis, einen Juhuschrei auszustoßen, traute sich aber nicht, weil er befürchtete, damit nicht nur das Wild im Wald aufzuscheuchen, sondern auch die wunderbare Atmosphäre in diesem Märchenwald zu zerstören.

Nach etwa einer Viertelstunde fast mühelosen Gleitens änderte die Loipe ihre Richtung und es ging einen sanften, aber langen Aufstieg hoch. Max hatte Mühe, seiner Eva zu folgen.

Die böhmischen Knödel und das Pilsener Bier von gestern forderten ihren Tribut. Trotz der Kälte war Max Esterl auf dem letzten Kilometer der Bergetappe ganz schön ins Schwitzen geraten.

So traf es sich ganz gut, dass Anna und Toni ihnen entgegen kamen. Anna hatte die kleine Fini in einem Tragetuch vor sich. Die beiden waren erst später, nachdem Anna gestillt hatte, auf die Loipe gegangen und hatten die Langlaufstrecke auf die andere Seite hin umrundet.

Max schnaufte auf: Dann waren sie ja schon mindestens bei der Hälfte der Strecke angelangt. Und allzu viele Aufstiege konnten auch nicht mehr kommen, sie waren ja schließlich soeben fast eine Viertelstunde den Berg hoch gelaufen.

Der Ex-Kommissar schloss schwer atmend zu seiner Frau auf, die am Scheitelpunkt der Strecke Halt gemacht hatte, und sie beobachteten gemeinsam, wie Anna und Toni näher kamen. Eva hatte auch ein wenig geschwitzt und zog also folgerichtig ihre warme Jacke wieder aus.

An und aus, an und aus. Max schüttelte den Kopf.

Eigentlich hatten Anna und Toni wieder umkehren und mit den Esterln die gleiche Strecke zurücklaufen wollen, Anna war aber dagegen. „Wir sind gerade eine heftige Steigung hochgegangen. Die möchte ich nicht in die umgekehrte Richtung fahren. Nicht mit dem Baby. Wie schaut es dorthin aus?"

Anna deutete in die Richtung, aus der die Esterln gekommen waren.

„Kein Problem, der Anstieg ist lang aber sanft", beruhigte Eva. „Sollen wir nicht mit den beiden zurücklaufen?"

„Die gleiche Strecke zurück?"

Max überlegte nicht lange. Die Jungen waren viel später gestartet als Eva und er, also musste die Strecke, die vor ihnen lag, um einiges kürzer sein.

„Ich fahr lieber in diese Richtung weiter, dann sehe ich, ob mir diese Strecke gefällt. Die Abfahrt macht mir nichts." Max war ein guter Skifahrer.

Eva überlegte eine Weile, dann siegte ihr Großmutterinstinkt: „Macht es dir was aus, Max, wenn du alleine fährst? Ich laufe mit Anna und Toni. Es gibt doch so viel zu erzählen."

„Macht nix, Eva. Ich gönne mir dann in der Pension schon ein kleines Pilsener Elektrolytgetränk, während ich auf euch warte. Das passt schon. Bis später!"

Max machte es wirklich nichts aus, alleine zu laufen. So konnte er sein Tempo selber bestimmen, brauchte nicht zu warten, wenn Eva vor der angekündigten Abfahrt wieder ihre Oberkleidung wechselte und etwas Warmes, Winddichtes anzog und war sicher eine halbe Stunde früher daheim als die anderen.

Die ersten paar hundert Meter glitt Max dahin, dass es ihm eine Freude war. Nach dem langen Anstieg kam es ihm jetzt vor, als ob hier seine Skier fast von selber liefen. Hin und da ein Doppelstockschub, und schon bewegte er sich, fast lautlos gleitend, durch den Wintertraumwald. So hätte er sich ewig treiben lassen können. Max fand sogar Zeit, sich umzuschauen, sich an Sonnenstrahlen zu erfreuen, die wie Theaterscheinwerfer ihren Weg durch das Walddach gefunden hatten und den Schnee grellweiß leuchten ließen.

Einer der Strahlen fiel auf ein Schild, das neben der Loipe eingepflockt war und kaum mehr einen Meter aus dem Schnee herausschaute.

„POZOR!!", konnte Max Esterl erkennen, und darunter noch etwas kleiner Gedrucktes.

„Pozor!", soviel Tschechisch konnte der Ex-Kommissar, bedeutete „Vorsicht!"

POZOR! Das galt sicher für die Prager oder Pilsener, die vom Langlaufen keine Ahnung hatten. Oder für eine Frau wie Anna mit einem Babywickel um ihren Leib.

Er, Max Esterl aber war natürlich ein Böhmerwäldler, einer der praktisch schon mit Skiern an den Füßen zur Welt gekommen war, der bombensicher auf seinen Brettern stand, weil er mit ihnen so gut wie verwachsen war.

POZOR! Max Esterl lächelte, als er die sanfte Abfahrt hinunterglitt und schob kräftig mit den Stöcken an.

Max Esterl lächelte auch noch, als die Abfahrt ein wenig rasanter wurde und der Fahrtwind um seine Ohren pfiff.

Kruminale! Das machte Spaß!

Sogar dann, als seine Geschwindigkeit so zunahm, dass er einen Ski zum Bremsen ausstellen musste, lächelte der Max noch, allerdings, das muss man sagen, etwas verbissen.

Als Max sah, dass die Kurve kam, war es schon zu spät.

Erst bremste er noch, so kräftig er konnte, er stellte die Skier zum Schneepflug aus, aber dann musste er in die Kurve, oder er landete in einem Fichtendickicht, das genau an dieser Stelle die Loipe säumte, einem undurchdringlichen „Gfix". Also mit den Skiern umtreten, um so die Kurve zu meistern, einen Ski nach innen ziehen und den anderen nachholen, einen nach dem anderen, einen nach dem anderen und nochmals umtreten und nochmals, und dabei nicht das Gleichgewicht verlieren, immer nach vorne gebeugt fahren, keine Rücklage kriegen, dann, im letzten Abschnitt der Kurve, den Außenski belasten und drauf bleiben, drauf bleiben, bis es wieder geradeaus ging.

Kruminale! Seine Skier folgten dem Max wie früher und sein Lächeln, das zwischenzeitlich eingefroren war, taute wieder auf und wurde breiter und breiter. Ein Hundling war er schon noch, obwohl er inzwischen schon auf die Siebzig zuging, Kruminale, diese POZOR-Stelle hatte er souverän gemeistert.

Aber, was war das? In seinem Gefühlsüberschwang hatte Max nicht bemerkt, dass ihm ein Paar mit Hund von unten entgegen kam. Die beiden Menschen räumten die Loipe schleunigst, aber der Hund lief direkt auf ihn zu. Ja war denn der nicht angeleint?

Max probierte, die Skier zu stoppen: Er stellte sie so breit zum Schneepflug aus und drückte mit seinen Knieen nach unten, so fest er nur konnte, aber die Bremswirkung war zu gering, das Tempo verringerte sich kaum.

Der Hund, ein großes, zotteliges bernhardinerähnliches Vieh, kam, freundlich mit dem Schwanz wedelnd, auf Max zugelaufen.

Max versuchte, auszuweichen, um einen Zusammenstoß mit dem Ungeheuer zu vermeiden, kam dabei in den Tiefschnee, sein rechter Ski verfing sich, wurde herumgerissen, es drehte Max um seine eigene Achse, hob ihn von den Beinen und warf ihn in den Schnee.

Als er wieder einigermaßen zu sich gekommen war, spürte Max etwas Warmes, Feuchtes in seinem Gesicht. Der Hund, der freundliche, schleckte seine Wangen ab, er hatte seine mächtigen Pranken auf die Brust vom Max gelegt, so dass sich dieser kaum bewegen konnte und genoss die salzhaltige Schweißsoße, die sich ihm hier so überraschend darbot.

Die Hundebesitzer, ein noch jüngeres tschechisches Paar, rissen ihren Liebling weg von dem immer noch hilflos daliegenden Max und entschuldigten sich wortreich auf Tschechisch. Max Esterl glaubte, jedes Wort verstehen zu können:

„Unser Hund ist ganz brav, der will nur spielen, keine Angst. Hoffentlich ist Ihnen nichts passiert, können wir Ihnen aufhelfen?“

Max war froh, dass die Bestie von ihm abgelassen hatte. Er wollte sich, immer noch am Boden liegend, den Hundesabber aus dem Gesicht wischen, merkte aber, dass er den rechten Arm kaum bewegen konnte. Als er sich aufrappeln wollte, spürte Esterl einen stechenden Schmerz in der Schulter.

Die Hundebesitzer, denen jetzt so langsam bewusst wurde, was ihr Liebling da angerichtet hatte, banden den Hund, den sie vorher an einer viel zu langen Leine geführt hatten, an einen Baum, befreiten den Ex-Kommissar von seinen Skiern und stellten ihn unter vielen Entschuldigungsworten auf die Füße.

Erst als Max Esterl ein „Kruminale" und „nemluvim česky" brummte, merkte das Paar, dass sie es nicht mit einem Landsmann zu tun hatten. Ihre Deutschkenntnisse aber waren auch nicht besser als das bisschen Tschechisch, das Max von Toni gelernt hatte, und so musste Max sich mit tschechischen statt mit deutschen Entschuldigungen zufriedengeben.

Dem Ex-Kriminaler war dies egal, ihm war das alles peinlich, er wollte, dass die beiden weitergingen und er selber sich auf den Weg in seine Fremdenpension machen konnte. Irgendwie würde er schon heimkommen, den linken Arm konnte er einwandfrei bewegen, nur die rechte Schulter schmerzte.

Max Esterl steckte die Visitenkarte, die die Hundebesitzer ihm übergaben, achtlos in seine linke Anoraktasche, die zwei Tschechen machten sich, immer noch Worte der Entschuldigung äußernd, auf den Weg nach oben.

Max sortierte seine Bretter, ließ die Bindung einrasten, nahm die Stöcke und ließ den Ski ganz langsam und vorsichtig laufen. Zum Glück war der Unfall am Ende der Steilstrecke passiert und vor Max lag ein sanft abfallendes Stück Loipe.

Max merkte, dass seine Knie zitterten. Langsam bewegte er sich vorwärts und kam in ebenes Gelände. Er benutzte zunächst nur den linken Stock zum Anschieben, den rechten, den verletzten Arm, versuchte er zu schonen, der schlenkerte im Rhythmus der kurzen Schritte die Max jetzt machte. Wenn er den rechten Arm nicht auf Schulterhöhe hob, so bemerkte Max, tat es kaum weh, er konnte sogar ein wenig Schub geben.

„Wird schon nicht so schlimm sein!" Das positive Denken hatte bei Max Esterl schon wieder die Oberhand gewonnen und so bewegte er sich langsam auf die schon von weitem sichtbare Fremdenpension zu.

Die Bindung des rechten Skis zu öffnen, bereitete dem Ex-Kommissar dann allerdings größere Schwierigkeiten.

Die gleichen Probleme hatte er zehn Minuten später mit dem Bierkrug. Über Schulterhöhe ging mit dem rechten Arm nichts. Max nahm den linken Arm.

Kapitel 4: Schulter-OP

Der Winter war fast vergangen, aber die Schmerzen in der rechten Schulter vom Max waren geblieben. Beim Alpinskilauf hätte ihn die Schulter nicht zu sehr gestört, aber Alpinskifahren ging ja nicht. Die Lifte standen still: Corona!

Einmal hatte Max versucht, den Arber mit Tourenskiern zu bezwingen, er und Eva aber waren nur bis zur Bergstation des Nordhang-Sesselliftes gekommen. Die Schmerzen in der Schulter waren so heftig geworden, dass Max abbrechen musste. Bei der Abfahrt dann hatte Max keine Probleme gehabt und er war froh, dass er wenigstens einmal, ein einziges Mal in diesem Winter mit Skiern einen Berg hinuntergefahren war.

Max Esterl suchte sich Rat beim Orthopäden.

Die Supraspinatussehne konnte Max sich merken. Spinat war eines seiner Lieblingsgemüse.

„Die und eine andere Sehne sind gerissen", berichtete er der Eva nach dem Arztbesuch. „Wenn ich es noch aushalte, soll ich mit der Operation warten."

„Warten? Warum? Kann so eine Sehne denn auch wieder zusammenwachsen?"

„Ich soll warten, bis Corona vorbei ist, oder ein Impfstoff existiert. Bis Corona vorbei ist, hat der Orthopäde gesagt, kann ich lange warten, aber am Impfstoff sind sie dran, der wird bald auf dem Markt sein. Dann Impfen und danach operieren."

„Klingt vernünftig", nickte Eva.

„Und dann auf Reha!"

Eva zog ihre Augenbrauen hoch.

„Du gehst auf Reha?"

Eva dachte daran, dass ihr Mann während seiner aktiven Dienstzeit eine Schussverletzung und ein Schusstrauma erlitten hatte und ihm von seinem Arzt und sogar seinen Vorgesetzten eine Kur dringend angeraten wurde.

Max hatte sich erfolgreich geweigert.

„Diesmal ist es anders."

Max hatte gemerkt, worauf Eva anspielte.

„Der Orthopäde hat mir dringend dazu geraten. Nachsorge ist hier wichtig, hat er gesagt. Je besser du an dir arbeitest, desto schneller bist du wieder fit. Und ich muss doch fit sein! Ich möchte das Butzerl hochwerfen und wieder auffangen. Und ich möchte beim Hausbau helfen." Max machte die Bewegung des Hämmerns.

„Zulangen möchte ich wieder können. Nicht nur zuschauen!"

Eva und Max hatten sich kurz nach ihrem Ferienaufenthalt im Böhmerwald dazu entschlossen, ihr Haus in Zwiesel zu verkaufen und in das benachbarte Glasmacherdorf Frauenau zu ziehen. Dort wollten sie gemeinsam mit den Jungen, Anna und Toni, ein Haus kaufen oder bauen.

„Ein Mehrgenerationenhaus", wie Anna schwärmte. „Wir haben euch als sorgende Großeltern für die Fini und ihr habt später uns, wenn ihr alt und gebrechlich seid. Aber da ist ja hoffentlich noch viel Zeit bis dahin", hatte Anna schnell hinzugefügt.

Die Operation Ende März, genau vierzehn Tage nach seiner Zweitimpfung. war gut verlaufen. In der Arberlandklinik, wie das Zwieseler Krankenhaus sich seit einigen Jahren nannte, hatte man dem Max eine Manschette verpasst, die er für einige Wochen umschnallen musste, um den Arm zu schonen. Jetzt, Anfang Mai, war der Patient Esterl auf dem Weg zur Rehaklinik.

Obwohl es auch im Bayerischen Wald gute Kliniken gab, war Max unterwegs nach Felden bei Bernau am Chiemsee, um dort eine dreiwöchige Rehabilitationskur anzutreten.

Bernau war ihm von seiner Zeit bei der Kripo vertraut. Dort war eine große Justizvollzugsanstalt, in der er öfter zu tun gehabt hatte. Und jedes Mal wenn er in Bernau war, hatte Max hoch zur Kampenwand mit ihren Felsengipfeln geschaut oder war noch einen kleinen Umweg am Chiemsee entlang gefahren.

Als die Dame vom Kliniksozialdienst ihm drei Tage nach der Operation die möglichen Reha-Orte vorlas, hatte er deshalb beim Namen Bernau spontan „Halt!" gerufen.

Und so war Max nun mit Eva auf dem Weg nach Oberbayern. Zum Chiemsee.

Er freute sich schon auf lange Spaziergänge am See. Vielleicht konnte er sogar einmal auf die Kampenwand steigen. Seine Schulter war lädiert, aber die Füße funktionierten noch, auch wenn das rechte Knie zwickte.

Die Kurklinik, so stellten Eva und Max fest, lag in Felden, einem Ortsteil von Bernau, zwischen See und Autobahn, Max war froh, dass sein Zimmer im dritten Stock zum See und nicht zur Autobahn hin ausgerichtet war. So konnte er zwar nicht den Blick auf die Kampenwand genießen, er musste aber auch nicht die ständigen Geräusche der Autobahn ertragen. Der Blick auf den See bis hinüber zur Insel Herrenchiemsee war auch nicht zu verachten.

Kapitel 5: Erstuntersuchung Montag

Max saß in seinem Zimmer und las die Hochglanzbroschüre, die er von seiner „persönlichen Betreuerin" an der Rezeption überreicht bekommen hatte, einer hübschen jungen Dame im feschen Dirndl, deren norddeutscher Zungenschlag überhaupt nicht zu ihrem bayerischen Outfit passte.

Eva hatte sich bereits verabschiedet und war mit dem Auto heim nach Zwiesel gefahren.

Eindringlich hatte sie ihrem Mann noch eingeschärft: „Pass ja auf, dass du dich nicht mit Corona ansteckst! Wer weiß, wer in so einer Klinik alles rumläuft. Wer alles zu den Essenszeiten an deinem Tisch sitzt! Und erst bei den Krankengymnastikeinheiten! Da ist sicher der ganze Gymnastikraum voll mit radfahrenden, Kniebeugen machenden und sonstwie schnaufenden und schwitzenden Leuten, die alle die Luft mit ihren Aerosolen schwängern."

„Alles Geimpfte!", hielt Max dem entgegen. „Hast ja gelesen, was von jedem Patienten verlangt und sogar kontrolliert wird: Geimpft oder genesen! Und dann wird auch noch regelmäßig getestet. Da bist du in der Schule eher gefährdet."

Max war die ewigen Diskussionen leid.

Er war zweimal geimpft und er war, wenn man von seiner jetzigen Schulterverletzung absah, gesund. Er war nicht leichtsinnig, aber er hatte beschlossen, auch nicht überängstlich zu sein. So hatte er es in seinem Berufsleben gehalten, und so fand Max Esterl es auch richtig.

„Angst essen Seele auf". Dieser Film hatte Max damals, in den siebziger Jahren, beeindruckt. Da war schon was dran.

„Vorsicht ist die Mutter der Porzellankiste!", hieß es in der Volksweisheit. Nicht Angst!

Natürlich aber versprach der Ex-Kommissar seiner Frau beim Abschied, dass er sich streng an alle Corona-Regeln halten werde und sie sich keine Sorgen zu machen brauche.

So war Eva, einigermaßen beruhigt, Richtung Autobahn gefahren.

Max sah auf seine Armbanduhr. Schon halb Drei! In einer Viertelstunde hatte er, laut Dienstplan, seine Erstuntersuchung in der Krankenstation im Erdgeschoß bei einem Dr. Černý. Den „Dienstplan", wie der Ex-Kommissar den Behandlungsplan in alter Gewohnheit nannte, würde er immer im Auge behalten müssen. Für den nächsten Tag waren da schon drei Aktivitäten eingetragen. Max hatte seiner Frau versprochen, nichts zu versäumen.

Drei Behandlungen. Das musste locker zu machen sein! Max freute sich schon auf ausgiebige Spaziergänge und lange Leseabende.

Die Erstuntersuchung bestand zunächst nur aus der Kontrolle des Impfpasses durch eine Krankenschwester, die dem Max gleich auch noch Blut abzapfte, und dem Ausfüllen eines Formblattes.

Nachdem Max Esterl alle Fragen nach Vorerkrankungen, der Einnahme von Medikamenten, nochmals nach seinem Impfstatus und allem Möglichen beantwortet hatte, stand plötzlich ein großer, stattlicher, dunkelhaariger Mann in weißer Hose, schneeweißem Hemd mit dunkelblauer Krawatte, blütenweißem Arztmantel sowie weißer Gesichtsmaske vor ihm.

Max hatte ihn gar nicht kommen gehört.

„Dr. Černý. Gutän Tag!", stellte sich der Stationsarzt vor. Er war sonnengebräunt und sah aus, als ob er gerade aus dem Urlaub käme. Ein Goldkettchen zierte das Gelenk der Hand, mit der er das Formblatt nahm. Ausgiebig, und dabei hin und da nickend, studierte er die Angaben des Ex-Kommissars. Als er zur Heimatadresse seines Patienten kam, blickte Dr. Černý auf.

„Zwiesäl. Sie kommän aus Zwiesäl?"

„Ja, im Bayerischen Wald. Kennen sie Zwiesel?"

„Ich war oft Skifahren bei Ihnän, frihär. Velky Javor, Groß Arbär. Jetzt nicht mehr."

Der Doktor lächelte bedauernd: „Viel Arbeit!"

„So siehst du aus", dachte Max Esterl bei sich. „Braungebrannt und mit Goldketterl"

„Ich war auch Skifahren", knüpfte Max an die Worte des Arztes an. „In Horská Kvilda. Šumava. Kennen Sie? Dort habe ich leider meine Schulter kaputt gemacht."

Der Dr. Černý ging nicht mehr weiter auf die Versuche von Max ein, etwas über seine Herkunft zu erfahren.

„Bittä ausziehän, Obrkerpr freimachän."

Die Untersuchung ergab nichts Besonderes.

Als Max auf der Waage stand, schüttelte der Arzt den Kopf.

„Eine Diät würde Ihnen guttun, Herr Esterl."

Max schluckte. Eine Diät?

Dass er Übergewicht hatte, wusste Max sowieso. Wenn man aber drei Mal am Tag schwierige medizinische und krankengymnastische Anwendungen zu überstehen hatte, brauchte man wenigstens etwas Gescheites im Magen.

Außerdem sah der sparsame Ex-Beamte nicht ein, dass er den gleichen Preis für seine Kur zahlen sollte, wie die anderen und dabei nur die Hälfte zum Essen bekam. Freilich kam die Krankenversicherung für die Kur auf, aber trotzdem…

Also lehnte Max Esterl den Vorschlag des Doktors, sich auf Diät setzen zu lassen, höflich ab.

Damit war die Erstuntersuchung beendet und Max konnte sich wieder anziehen.

„Bei Abendessän kriegän sie Reha-Plan fir ganzä Wochä. Auf Wiedrsähn und gutän Appätit!“ Hatte der Wunsch des Doktors ein wenig spöttisch geklungen? War er doch zu dick?

Max Esterl hatte noch eine gute Stunde Zeit bis zum Essen. Er wollte sie nutzen und die Umgebung der Klinik erkunden. Südlich der Klinik bildete die Autobahn eine Barriere hin zum Gefängnis und zur Ortschaft Bernau. Die Justizvollzugsanstalt hatte Max während seiner Berufszeit oft genug gesehen.

Also wandte er sich der Seeseite zu. Rechter Hand sah Max einen Kinderspielplatz. Gleich dahinter schloss ein langgestrecktes Holzhaus mit Umkleideräumen und einem Kiosk mit Freischank für Badegäste an. Die Temperaturen der letzten Tage hatten schon viele Sonnenhungrige nach draußen gelockt. Zum Sonnenbaden oder gar zum Baden aber war es jetzt, Anfang Mai, noch zu früh: Die große Liegewiese am See wartete auf den Sommer.

Nachdem er das Holzhaus mit den Umkleideräumen umrundet hatte, wurde der Spaziergänger auf ein Werbeschild am Wegrand aufmerksam:

„Seefischer Lackerschmid“ stand da.

„Jedes Wochenende von Fr-So, 17-20 Uhr: Steckerlfisch frisch aus dem See.“

Max Esterl bekam sofort einen unbändigen Gamerer auf Steckerlfisch, frisch über einem Buchenholzfeuer gerösteten Steckerlfisch. Mit knuspriger Haut, innen zart und gut gewürzt. Und eine Halbe Bier dazu, damit der Fisch auch tüchtig schwimmen konnte.

Heute war Montag! Da würde er noch ganz schön lang warten müssen. Max schluckte.

Am Haus des Fischers Lackerschmid vorbei führte ein Feldweg Richtung See. Neugierig folgte Max diesem Weg und kam zu einer kleinen Bucht. Rechter Hand befand sich ein Bootsschuppen mit Steg, der offensichtlich privat war, linker Hand standen ein kleines Holzhäusl der Wasserwacht und, über einen von Erlen gesäumten Pfad zu erreichen, ein Palisadenturm.

„Vogelbeobachtungsstation", las Max. Er schaute auf seine Armbanduhr. Eine Viertelstunde hatte er noch. Sehr viel beobachten würde er in der kurzen Zeit nicht können, trotzdem erklomm er die Leiter, die zur Beobachtungsplattform hinaufführte und wurde von einem schönen Blick auf eine große Bucht überrascht. Max sah Hunderte von Wasservögeln. Nur die wenigsten konnte er einer Vogelart zuordnen. Da würde ihm die Eva mit der Post einen einschlägigen Naturführer schicken müssen. Einen Ferngucker hatte Max in seinem Gepäck. Er war schließlich auf lange Nachmittage eingestellt, an denen er das Leben auf dem Wasser beobachten und studieren konnte.

Bevor er zum Abendessen ging, telefonierte Max Esterl noch mit seiner Frau Eva, fragte sie, ob sie auch gut in der Heimat angekommen sei und berichtete ihr von seinem Einstand in der Kurklinik.

Dass das Zimmer sauber und das Wetter gut war, davon hatte sich die Eva ja noch persönlich überzeugt.

„Die Erstuntersuchung habe ich auch schon hinter mir, nichts Besonderes. Nur zu dick bin ich. Stell dir vor, der Chefarzt, übrigens ein Tscheche, wollte mir eine Diät verordnen."

Eva war begeistert. „Das machst du, Max! Lass dich auf Diät setzen!".

Als Eva das unwillige Brummeln ihres Mannes durchs Telefon hörte, versuchte sie, mit ihm zu handeln: „Wenigstens auf das Abendessen könntest du verzichten. Nur eine kleine Portion Salat, das reicht doch. Schau: Du hast seit deiner Verletzung wochenlang keinen Sport mehr getrieben und trotzdem gegessen wie immer, ganz klar, dass du zugenommen hast."

Max hatte es ja selber schon gemerkt. Die Hosen zwickten, immer öfter setzte er sich beim Sockenanziehen aufs Bett und beim Zehennagelschneiden neulich hatte er so gestöhnt, dass Eva ins Bad geeilt war und nach ihm geschaut hatte.

Aber wenn er sich einer Diät unterzog, würde er bestimmt nach drei Tagen so grantig und ungenießbar sein, dass er wegen jeder Kleinigkeit schimpfen und streiten würde. Das konnte er niemandem zumuten.

„Naa, Eva, de Diät, de mach i liaba dann, wenn i wieder dahoam bin."

„Deine Wampe ist es, Max Esterl, nicht meine. Aber beschwer dich nicht, wenn du nach der Kur nicht mal mehr den kleinsten Hügel hochkommst."

Nach diesem Gespräch war Max Esterl froh, dass er die Diät gerade noch abgewendet hatte. Aber irgendwie war ihm die Vorfreude auf das bald beginnende Abendessen genommen.

Vielleicht sollte er sich doch ein wenig zurückhalten?

Der Essraum, den Max Esterl etwas später betrat, hatte Restaurantcharakter. Eine schon etwas ältere, vollschlanke, rosa maskierte Bedienung im blauen Dirndlkleid führte den Neuankömmling zu einem mit zwei Personen besetzten Vierertisch in der Nähe des Salatbuffets.

„Da is eahna Platz für die nächsten drei Wochan, Herr Esterl. Da wo eahna Namenskarterl liegt. Den Solod hoin´s eahna selber, des Essn bring i dann. Heit gibt´s a Wurschtplattn mit an Kaas, wenn´s Vegetarier san, dann bloß an Kaas."

Max beglückwünschte sich dazu, dass er sich nicht auf Diät hatte setzen lassen.

„Und dann liegt da no a Zettl und den miassn´s ausfuin."

„Muas i des?", scherzte Max.

„Ja", lachte die Bedienung, „weil sunst bleibt eahna morgn beim Mittagessn da Schnobe sauba."

Auf dem Namensschildchen, das die Frau an ihren stattlichen Busen geheftet hatte, konnte Max „Therese" lesen. Resi! Kruminale! Dieser Name passte hierher nach Oberbayern. Und zur reschen Bedienung, die Max in ihrer direkten Art sofort sympathisch war.

Max Esterl setzte sich auf den ihm von der resoluten Resi zugewiesenen Stuhl, nahm seinen Mundschutz ab, nahm sein Sitzkärtchen, auf dem „Herr Esterl" zu lesen war, hielt es seinen zwei Tischnachbarn, die schon mit dem Essen begonnen hatten, entgegen und bot ihnen das „Du" an: „I bin der Max."

In so einer Klinik, fand Max, war jeder gleich.

Der Gast zu seiner Linken, ein eher schmächtiger Mann mit kurzgeschorenen Haaren und Halbglatze reagierte als erster.

Er deutete mit dem Esslöffel auf sein Tischkärtchen und lächelte: „Ich bin Martin."

Auf Martins Kärtchen las Max Esterl den Namen „Ryba". Das hieß doch „Fisch" auf Tschechisch. Und ein Ryba, so erinnerte sich Max, hatte die wundervolle „Böhmische Hirtenmesse" geschrieben, die heute noch jedem Tschechen an

Weihnachten die Tränen in die Augen trieb. Natürlich fiel Max im Moment der Vorname des Komponisten nicht ein. Immer wieder dasselbe! Kruminale! Wenn er einen Vornamen wusste, hatte er den dazugehörigen Nachnamen nicht parat, wusste er den Nachnamen, dann war es umgekehrt. Waren das schon die Vorzeichen einer Demenz?

„Ryba Martin".

War der Martin etwa ein Tscheche? Aus seiner Aussprache konnte man nichts schließen. Im Gegensatz zu Esterls tschechischen Freunden sprach dieser Böhme, wenn es einer war, akzentfrei.

Die Neugier des Ex-Kommissars musste sich gedulden. Der zweite Tischnachbar, ein kleiner, alter Mann mit einem weißgrauen Fünftagebart, trug zum schwarzen Sakko ein weißes Hemd und Krawatte. „Doktor Wimmer", wiederholte er das, was auch auf seinem Kärtchen zu lesen war. Damit hatte der Doktor klar gemacht, dass er nicht geduzt werden wollte.

Max deutete eine kleine Verbeugung in seine Richtung an und bemerkte dabei, dass der Doktor im Rollstuhl saß.

Der Doktor wollte noch etwas sagen, wurde aber durch ein helles Lachen unterbrochen. Der vierte Tischnachbar war eine Nachbarin, wie Max schon vorher durch einen Blick auf das Tischkärtchen des ihm gegenüberliegenden vierten Platzes bemerkt hatte.

„Frau Niedermeier" rauschte, für eine Reha-Patientin ziemlich schwungvoll, an den Esstisch, setzte sich aber nicht. Sie hängte lediglich ihre Strickjacke über die Stuhllehne.

„Griass eahna, Herr …"

„Esterl", beeilte sich Max und tat so, als ob er ihr Namenskärtchen studieren würde. „Sie san d´Frau Niedermeier?!"

„Genau. Irmengard hoaß i. Und i bin wahrscheins außer dem Personal de oanzige Bernauerin da herin in dem Invalidenbunker." Irmengard nahm ihren Teller und bedeutete Max, es ihr gleichzutun.

„Salatbuffet! Wolln´S koan Salad? Den miassn´s Eahna hoin, vo selber kimmt der neda."

Max befestigte seinen Mundschutz hinter den Ohren und folgte der Bernauerin, deren graumelierter Kurzhaarschopf irgendwie lustig nach allen Seiten abstand. Die Irmengard zog ihren linken Fuß nach.

Ein jeder hier hatte seinen Pecker, dachte Max, während er seinen Salatteller auf einen Beistelltisch stellte und mit der rechten Hand den Salat hinaufschaufelte. Er, zum Beispiel, konnte noch keinen gefüllten Teller mit seinem schwachen Arm halten. Er hoffte, dass sich das in drei Wochen ändern würde.

Während des Abendessens, das ihm ausgezeichnet schmeckte, wurde Max Esterl von der Frau Niedermeier nach allen Regeln der Kunst ausgefragt.

„Was san sie beruflich gwesn? Bei der Kripo München. Is ja interessant, da hams bestimmt vuj daher nach Bernau ins Gfängnis gschickt?"

„Da drübn in der JVA sitznd sogar immer no etliche von dene, die i daher gschickt han. Obwohl i seit Jahren scho pensioniert bin."

Bremsen, sagte Max Esterl zu sich, nicht zu viel von dir erzählen, lass die anderen reden! Kruminale!

Das nächste und zugleich wichtigste Thema war natürlich sein Gebrechen samt der dazugehörenden Operation und dem Ort des orthopädischen Eingriffs. Hier schalteten sich auch die anderen beiden Tischgenossen ein.

Mit „Kreiskrankenhaus Zwiesel" konnte Max Esterl nicht punkten. Die anderen drei waren alle mindestens von einem berühmten Professor operiert worden. In einer orthopädischen Spezialklinik! Mit einem bundesweit guten Ruf! Max hatte das Gefühl, dass er nur gefragt worden war, damit die drei anderen jeweils i h r e Geschichte erzählen konnten.

Danach kam die Frage nach der Art des Unfalls.

Skifahren schien eher Punkte zu bringen als Kreiskrankenhaus, die Oberbayerin Niedermeier hatte mit Radfahren eine ähnlich attraktive, sportliche Ursache zu bieten, während dem Ryba, der immer noch kein Wort mit tschechischem Akzent ausgesprochen hatte, mit einem Motorradunfall in den Dolomiten die höchste Anerkennung zuteil wurde.

Der Doktor Wimmer dagegen fiel aus der Wertung: Degeneration des linken Kniegelenks, konstatierte er knapp. Endoprothese. Komplikationen. Deshalb der Rollstuhl.

Vielleicht war er deswegen so grantig. Noch hatte der Doktor nicht gelächelt.

„Und da, beim Langlaufen?", setzte die neugierige Radfahrerin noch einmal an.

„Kann man beim Langlaufen auch so schwer stürzen, dass was ab ist? Wo warst denn da langlaufen?"

„Am Hahnenkamm", wollte Max schon erwidern, korrigierte sich aber zugunsten der Wahrheit: „Im Böhmerwald".

Der Böhmerwald sagte zwei von den drei Tischgenossen gar nichts, genauso hätte Max wahrscheinlich „auf der Kamtschatka" sagen können.

Aber einer, der akzentfreie Herr Ryba, bekam plötzlich glänzende Augen.

„Šumava! Langlaufparadies! Ich war als Jugendlicher jahrelang in den Winterferien in Železná Ruda. Wunderbar! Kennst du?“

Ein Landsmann!

Max Esterl war überrascht, dass er sich dem Tschechen mit Böhmerwaldvergangenheit mehr zugehörig fühlte wie den Münchnern und Oberbayern.

Was hatte sich da in den Jahren seit seiner Pensionierung für ein Wandel vollzogen? 30 Berufsjahre hatte er in München zugebracht. Er war ein Münchner gewesen, ein Hauptstädter.

„Natürlich kenne ich Železná Ruda, Böhmisch Eisenstein. Hab sogar gute Bekannte dort.“

Kruminale! Was würden die anderen wohl dazu sagen, dass seine beste Bekannte in Železná Ruda eine Namenskollegin von der Irmengard war und dort beruflich ein Bordell betrieb.

„Aber der Unfall ist in Horská Kvilda passiert. Bei einer Abfahrt war plötzlich ein Hund in der Spur.“ Max machte mit seiner Hand eine Abwärtsbewegung, die den Sturz andeuten sollte, verzog sein Gesicht und die anderen verzogen jeweils ihres mit. Bis auf den Doktor.

Mit einem knappen „Entschuldigung!“ schob er seinen Rollstuhl Richtung Ausgang.

„Horská Kvilda“, nahm der Ryba den Faden wieder auf. „Das is Zentrum von Behmerwald. Kennst du Horská Kvilda, Innergfild?“, wandte der Ryba, der zum ersten Mal ein wenig „geböhmaklt“ hatte, sich an Irmengard.

Die lachte laut: „Für mich sind das alles Böhmische Dörfer“.

Da hatte die Bernauerin recht. Kaum einer in Deutschland wusste, welche Traumlandschaft der Böhmerwald war.

Ihre Kurztrips machten die Oberbayern immer noch nach Südtirol und an den Gardasee.

Die drei Tischgenossen, die sich gerade sympathisch zu werden begannen, hatten gar nicht gemerkt, dass der Speisesaal sich mittlerweile geleert hatte und die Therese mit dem Aufräumen begonnen hatte.

Max Esterl ging davon aus, dass er später noch in irgendeinem Raum eine Halbe Bier trinken konnte. Jetzt wollte er auf sein Zimmer gehen und seinen Koffer endgültig auspacken.

„Trifft man sich nachher noch?"

„Ja klar", kam es vom Ryba.

Jan Jakub, so erinnerte sich Max Esterl jetzt plötzlich, hieß dessen Namensvetter, der die Böhmische Hirtenmesse komponiert hatte. Seit sie in Pilsen auf Einladung von Esterls Freund, Polizeioberst Pepi Holub bei einem Konzert am 2. Weihnachtsfeiertag diese böhmischen Weihnachtsweisen gehört hatte, liebte Eva den Ryba heiß und innig. Max erinnerte sich noch genau, wie inbrünstig der Pepi, wie fast alle Zuhörer, die Melodien mitgesungen hatte.

Die Irmengard dagegen winkte ab.

„I geh iatz hoam. I bin nur a Ambulanzpatientin. Auf mein Bett verzicht i neda."

Kapitel 6: Der Fisch ist nicht stumm

Als Kriminalhauptkommissar a.D. Max Esterl gegen 20 Uhr den als Aufenthaltsstüberl gemütlich eingerichteten Nebenraum des Speisesaals betrat, saßen seine zwei männlichen Tischgenossen schon in einer Ecke. Der Doktor Wimmer trank Rotwein, der Ryba hatte, wie es sich für einen Tschechen gehörte, ein Bier vor sich stehen.

„Darf ich…?", deutete Max an, worauf der Ryba nickte. Dem Doktor schien es egal zu sein, ob an seinem Tisch noch jemand Platz nahm. Er schaute noch schlechter aus als beim Abendessen. Seine Wangen waren eingefallen und seine Augen sahen merkwürdig trüb aus.

Vor sich hatte der Doktor eine halbvolle Flasche Blauen Zweigelt stehen.

Immer wieder ruckelte der Doktor nervös an seinem Rollstuhl, so als ob er sich nicht stillhalten könne, und manchmal ächzte er auch wie unter einer großen Last. Max vermutete, dass der Doktor Schmerzen hatte.

Diese Vermutung bestätigte sich: Der Doktor stöhnte noch ein-, zweimal, griff dann in seine Jackentasche und holte eine Tablettenpackung heraus. Umständlich und zitternd knipste er eine Kapsel aus ihrer Hülle, schob sie sich in den Mund und spülte mit Rotwein nach.

Der Rotwein hatte dem Doktor als Schmerztherapie offensichtlich nicht mehr ganz gereicht. Als der Schmerzpatient das Tablettenpackerl wegstecken wollte, merkte Max, dass dieser schon mehr Wein getrunken hatte als ihm guttat. Er fand seine Jackentasche nicht mehr. Drei Mal probierte er, die Tabletten in die Tasche der Jacke zu stecken, die auf der Außenseite des Rollstuhls herunterhing. Beim dritten Mal fiel die Schachtel auf den Boden.

Max stand auf, hob die Tabletten vom Boden und reichte sie dem Doktor. „Ibuflam 800“, konnte Max auf der Packung lesen. Ein Schmerzmittel. Kruminale!

Der Rollstuhlfahrer quittierte mit einem knappen „Danke“ und versuchte erneut, die Schachtel unterzubringen. Diesmal aber in der Brusttasche seines weißen Hemds, das allerdings, wie Esterl feststellte, bereits einige Rotweinflecken aufwies.

Schon der zweite Versuch war erfolgreich.

Die Unterhaltung der drei drehte sich natürlich wieder um ihre Gebrechen. Der Doktor wurde etwas gesprächiger. Max vermutete, dass die Ibuflam zu wirken begann.

Der Doktor Wimmer war Rechtsanwalt gewesen in einer oberbayerischen Kleinstadt. Mehr wollte er nicht erzählen, auch nichts über seine Krankheitsgeschichte. Dass es ihm nicht gut ging, sah man ihm an.

„Seit vierzehn Tagen hier auf Kur. Fortschritt: Null.“ Damit war alles gesagt.

Der Tscheche war da schon gesprächiger.

Aus Prag sei er. Schon viele Jahre herüben in Deutschland. Der Liebe wegen. Allerdings sei diese Liebe zerbrochen: „Meine Liebe ist gegangen und ich bin geblieben.“ Auf die vergangene Liebe trank der Ryba noch ein Bier, dann, bald danach, noch eines, und dann begann er von der Šumava zu schwärmen und von den vergangenen Zeiten in Železná Ruda und am Špičák.

Max Esterl fand das Thema halbwegs interessant, aber der Rechtsanwalt konnte dem Böhmerwald nichts abgewinnen. Brummend neigelte er vor sich hin und hatte die Flasche nach kurzer Zeit geleert.

„Mir langts für heut´!“, unterbrach der Rollstuhlfahrer das Gespräch der beiden anderen, steuerte ohne einen weiteren

Gruß in drei ausladenden Bögen zum Aufzug und ließ Ryba und Esterl zurück.

„Der hat aber ganz schön getankt, der Herr Anwalt."

Max Esterl nickte zustimmend: „Da hast Recht, Martin. Der Wimmer säuft seine postoperativen Schmerzen weg."

Ryba lachte: „Hast du gut gesagt, Max. Postoperative Schmertschen."

War da nicht ein tsch zu viel in Martins Text aufgetaucht? Max schaute sein Gegenüber an: Roter Kopf, in der erhobenen Hand das leere Bierglas, um der Kellnerin, die hinter der Theke lehnte und auf ihrem Smartphone daddelte, seinen Wunsch zu signalisieren.

„Zwei Bier für die Herren?", rief die Resi, die schon mit dem Einschenken begonnen hatte.

„Wenn´s Eahna nix ausmacht: Für heut is Schluss. Sie könnan natürlich schon in aller Ruhe austrinken und so lange sitzen, wie Sie wollen, aber ich hab´ Dienstschluss. War eh a langer Tag", fügte die Mollerte wie entschuldigend hinzu.

Max machte es nichts aus. Er hatte drei Bier und das reichte für die richtige Bettschwere in der ersten Nacht.

Der Martin aber hatte bestimmt das Doppelte intus, was man ihm jetzt auch immer deutlicher anmerkte.

Obwohl keiner mehr im Raum war, lehnte sich der Tscheche über den Tisch zu Max und machte mit verschwörerischer Stimme sonderbare Andeutungen:

„Du hast vorhin gesagt, du bist Kriminalkommissar, Max?"

„Ich war Kommissar, Martin. Ist lang her."

„Aber du weißt Bescheid mit den Verbrechen. Wenn jemand einen falschen Namen annimmt, das ist doch ein Vrbr..., ein Vrbr... ."

Als Tscheche musste Martin eigentlich mit Konsonantenhäufungen zurechtkommen, aber diese hier stellte den Martin vor unlösbare Probleme.

Max half: „Ein Verbrechen ist das mit dem falschen Namen noch nicht unbedingt. Ich kenn mich da auch nicht aus, ich war bei der Mordkommission."

„Aber in dem Fall, in meinem Fall…", der Martin sprach jetzt so undeutlich, dass der auf einem Ohr fast taube Ex-Kommissar sich schwer tat, ihn zu verstehen.

„Also in dem Fall, den ich meine, da ist der Name dazu da, um ein Vrbr…, Vrbr...brechen zu vertuschen. Aber sowas kann man nicht vrtuschen. Nicht vor mir! Morgen früh geh ich zu dem Doktor!"

Rybas Stimme wurde lauter.

„Dem sauberen Doktor. Von dem …, von dem … ." Martins Sprechzentrum schien Ladehemmung zu haben.

Er riss sich jedoch am Riemen und spuckte eine Wortkaskade aus:

„Vondemweischichwaschdaschglaubschtdunicht. Glaubschtdunicht!"

Der Satz war aus dem Ryba herausgesprudelt wie ein Wasserfall, und der nächste Satz sprudelte hinterher, aber er war so schnell und undeutlich gesprochen, dass der Ex-Kommissar ihn nicht kapierte:

„Der Sherry, der landet im Gefängnis, dafürschorgichkannschtglauben. Kannschtglauben!"

Nach diesem erneuten Wörtersprudel dann endlich ein Satz, den Esterl verstand:

„Morgen früh geh ich zu ihm! Gleich morgen früh!"

Dieser Satz klang wie eine Drohung.

Danach nahm der Ryba seinen Zimmerschlüssel, der auf dem Tisch neben seinem Bierglas gelegen hatte, stand abrupt auf, hielt gerade noch sein Gleichgewicht und steuerte mit einem „Tschuliung" ebenfalls auf den Aufzug zu.

Das konnte ja heiter werden. Wenn seine Tischgenossen sich jeden Abend ihre Birnen so zuknallten! Kruminale!

Max trank ebenfalls sein Bier aus. Als er das leere Glas auf den Tisch stellte, bemerkte er, dass Rybas Jacke über dem Stuhl hing.

Die Bedienung hatte sich schon vor einiger Zeit verabschiedet, auch sonst war vom Personal niemand mehr zu sehen. Die Zimmernummer vom Ryba wusste er nicht.

Max beschloss, die Jacke mitzunehmen und sie dem Ryba morgen beim Frühstück zu geben. Während er in den zweiten Stock hinaufstieg, schüttelte der Ex-Kommissar immer wieder den Kopf.

Das war schon eine sonderbare Tischgesellschaft, in die der Zufall ihn da eingeführt hatte.

Ein alter Griesgram, der seine Schmerzen mit Wein wegzusaufen suchte und ein Tscheche, der im Suff Vrbrchr sah. Max musste lächeln, als er die Jacke auf die Lehne des Besucherstuhls legte.

Nach dem Zähneputzen, er war schon im Schlafanzug, schaute Max Esterl nochmals von seinem Mansardenfenster hinaus auf den See: Ruhig lag er da, im Schein des Halbmondes kräuselten sich die Wellen. Max Esterls Blick suchte hinüber zur Herreninsel, die sich wie eine dunkle Wand gegen den im Mond glitzernden See abhob. Er schnaufte tief durch, atmete die würzige Seeluft ein und war sich mit einem Mal sicher, dass er es die drei Wochen gut hier aushalten würde.

Max ließ das Fenster offen. Die frische Seeluft würde ihm guttun und gegen eventuell jetzt schon auftretende Mückenschwärme schützte ihn ein dichtes Insektengitter vor seinem Zimmerfenster.

Mal sehen, was seine zwei neuen Bekannten morgen für Gesichter machen würden. Die hatten ganz schön getankt. Kruminale!

Der Reha-Patient legte sich ins Bett, fand es schade, dass Eva nicht neben ihm lag, studierte seinen Dienstplan für morgen, las noch einige Seiten und schlief ein, kaum dass er das Buch weggelegt hatte.

Max Esterl schlief gut in der ersten Nacht, die er in der neuen Umgebung zubrachte. Nur einmal musste er zum Bieseln raus, und danach stellte er sich ans offene Fenster und schaute wieder auf den See hinaus. Er genoss den Seeblick keine fünf Minuten lang, dann ließ ihn die Kälte, die vom Wasser her kam, schaudern und ins noch warme Bett flüchten.

Kapitel 7: Dienstag Vormittag. Einer fehlt

Als Max Esterl um halb acht den Frühstücksraum betrat, sah er lediglich die Frau Niedermeier, die ihm schon von weitem fröhlich zuwinkte. Er steuerte aber zuallererst auf das Frühstücksbuffet zu, weil er gesehen hatte, dass dort gerade niemand in der Warteschlange stand. Das musste man nutzen.

Ein Mohnhörnderl und eine Brezn lud Max sich auf seinen Teller und dazu Butter, Marmelade und Honig. Mehr brauchte er nicht. Den ganzen Tisch voll mit Joghurts, Müslis, Cerealien, Obst und weiß der Teufel noch allem ließ er links liegen. Beim Verlassen des Speiseraums würde er noch einen Apfel mitnehmen. Für den Vormittag.

Die Niedermeier war, wie schon gestern, gut drauf. Sie schien ihren Aufenthalt hier wirklich zu genießen. Sie sei Musiklehrerin, erzählte sie dem Ex-Kommissar, lebe schon immer in Bernau und gebe hier in der Klinik sogar manchmal Klavierkonzerte oder mache mit den Patienten Singabende. Jetzt aber nicht, jetzt konzentriere sie sich auf´s Gesundwerden.

„Vierzehn Tage brauch ich noch, dann passt´s wieder mit meiner Hüfte“, lachte die jung gebliebene, sympathisch-direkte Sechzigjährige.

„Kommen die anderen zwei nicht aus den Federn? Habt´s gestern auf d´Nacht ein wenig getrunken“, kommentierte Irmengard augenzwinkernd das Fehlen der zwei Tischgenossen.

„So schlimm war´s nicht“, wollte Max gerade antworten, als er sah, dass der Doktor mit seinem Rollstuhl auf ihren Tisch zusteuerte.

Der Doktor schaute so zerknittert und grantig wie immer, nahm mit einem knapp gemurrten „Guat Moign“ die freundlichen Grußworte seiner zwei Mitpatienten entgegen und winkte der Bedienung. Diesmal war es nicht die Resi, sondern eine Junge mit grünem Dirndl und einer grauen Trachtenstrickjacke. Die Rollstuhlfahrer wurden offenbar auch beim Frühstück bedient.

Nachdem alle drei ihre Kaffeehaferl mit dem duftenden Getränk vor sich hatten, war es sonderbarerweise der Doktor, der mit seinem Kopf auf den leeren Platz zu seiner Linken deutete und die Frage stellte:

„Wo isn er?"

Der Ryba war immer noch nicht da.

„Habt´s doch mehra trunga, wias vertragts!", war die Reaktion der Musiklehrerin. „Wird er hoit no koa feste Kost vertragn, der Martin. Ös Manner! Schwächlinge!"

Die Drei beendeten ihr Frühstück schweigend. Wenn der Ryba kein Frühstück wollte oder vertrug, war das schließlich seine Sache. Max lächelte innerlich beim Gedanken an gestern. Hoffentlich würde der Martin wenigstens die Anwendungen wahrnehmen können.

Er selber hatte die erste schon um neun. Da durfte er nicht mehr lange hier herunten herumsitzen.

Max ging nach oben auf sein Zimmer, um sich umzuziehen. Dabei sah er die Jacke vom Martin, die er gestern Abend mitgenommen hatte, und die noch immer über dem Stuhl hing. Hoffentlich vermisste sie der Ryba nicht, und suchte überall herum und zermarterte sich seinen Kopf darüber, wo er die Jacke liegen gelassen hatte.

Max erlebte solche Verlustsituationen seit er sich seinem siebten Lebensjahrzehnt genähert hatte immer öfter. Wenn er die Lesebrille verlegt hatte, dann war das noch harmlos, solche hatte er ein halbes Dutzend, und irgendwie kamen die verlorenen Brillen ja auch wieder zum Vorschein: In

Anoraks, die er den ganzen Sommer nicht getragen hatte, in den von Evas Papiertaschentüchern gefüllten Ablagebuchten der Autotür, im Zeitungsstapel zwischen zwei alten Zeitungen, und sogar auf dem Gästeklo, das der Max hin und da aufsuchte, wenn´s pressierte.

Autoschlüssel dagegen hatten sie nur zwei, da war die Lage dann schon gespannter. Suchaktionen erwiesen sich stets als ergebnislos. Meistens kamen die Schlüssel dann irgendwie überraschend zum Vorschein. Einen der Autoschlüssel hatte Max erst nach einem halben Jahr gefunden, nachdem er beim ersten Schneefall in seine halbhohen Winterstiefel schlupfen wollte.

Max ließ die Jacke über dem Stuhl hängen. Er wusste ja nicht, bei welchen Therapeuten der Martin heute Vormittag eingeteilt war, es hatte wenig Sinn, ihn zu suchen. Ihm die Jacke zum Mittagessen zu bringen, musste reichen.

Im neuen Trainingsanzug, den Eva ihm extra wegen der Reha gekauft hatte, fühlte Max sich nicht wohl. Er, der beim Sport immer die ausgebeultesten Hosen und nie die Angebertrikots von Franz Beckenbauer, Lothar Matthäus, Ronaldo, und Co getragen hatte, kleidete sich seit heute in eine brombeerfarbene Sportjacke, eine blaue, enganliegende, seine strammen Wadl, aber auch seinen trumm Bauch betonende Nylonstretchhose und ein schwarzes Trikot, das einem Profisportler gut zu Gesicht gestanden wäre und auf dem „New York Marathon" stand. Max sehnte sich nach seinen drei langärmeligen, vom häufigen Waschen ausgebleichten Unterhemden, die ihn die letzten Jahre so unauffällig durch sein Sportlerleben begleitet hatten.

Schuld war er natürlich selber. Eva hatte ihn x-mal überreden wollen, mit ihr ins Sportgeschäft zu gehen und einzukaufen, aber Max hatte alle Termine verstreichen lassen.

Jetzt half alles nichts mehr, in fünf Minuten begann die erste Rehamaßnahme: „Gymnastik“ stand auf dem Plan. Gymnastik war für Max immer etwas Unangenehmes gewesen, etwas, mit dem er keine guten Erinnerungen verband. Schon in der Schule hatte er es gehasst. Wenn seine Klasse den Sportlehrer geärgert hatte, und das war ziemlich regelmäßig der Fall, griff dieser zu einer pädagogischen Maßnahme, die in Max, und mit ihm wohl in ganzen Schülergenerationen, zu lebenslangen Abwehrreflexen beim Wort „Gymnastik“ geführt hatte.

„Wenn´s ihr eich nicht benehmen kinnts“, hatte der Lehrer stets begonnen, und seine Schüler konnten den Satz, den sie zwei Mal pro Woche hörten, schon im Schlaf zu Ende sagen: „Dann machma Gymnastik statt Fußball.“

Max betrat den turnhallengroßen Gymnastiksaal, auf dessen einer, dem See zugewandten Seite eine Reihe von Fahrrädern und ein Laufband standen, auf denen schon fleißig geradelt und gerannt wurde. Rad gefahren wäre Max auch gerne. Der Blick von den Rädern hinaus auf den See war großartig.

Aber die Dame, die ihn in Empfang nahm, hatte etwas anderes mit ihm vor.

Sie lotste Max an eine Sprossenwand, von der ein rotes Gummiband hing. Die Krankengymnastin hatte natürlich eine tolle Figur, die durch ihre hautengen, an den Unterschenkeln endenden, schwarzen Stretchhosen noch besonders betont wurde.

Freundlich lächelnd erklärte die offensichtlich nette Gymnastin, deren leichtes Sächseln Max Esterl auf Anhieb sympathisch fand:

„Ich bin die Gitti. Wir wollen Ihre Schulter wieder beweglich machen und die Schultermuskulatur kräftigen. Das ist Ihre Aufgabe als Patient, während Sie hier bei uns sind. Ich zeige Ihnen einige Übungen, die Sie selbstständig machen können. Ich kontrolliere regelmäßig. Sie können diese Übungen später dann auch ohne Aufsicht machen. Von 6 bis 8 und von 17 bis 19 Uhr steht Ihnen unsere Gymnastikhalle zusätzlich zu den Angeboten zur Verfügung."

Die erste Übung war nicht schlimm. Dehnen und Strecken. Die Gitti war zufrieden. Bei der zweiten Übung machte Max Esterl ständig etwas falsch. Andauernd musste die Krankengymnastin korrigieren, was der Max natürlich als ewiges Herumnörgeln empfand. Seine anfängliche Sympathie zu der Gymnastin begann sich zu wandeln.

Die dritte Übung war eine Dehnübung für die Beine. Diese Übungen hatte Max Esterl schon in früheren Zeiten beim Fußballtraining nicht gemocht. Jedes Mal, wenn Max seine Beine überdehnte, zog es in seinen Waden schmerzhaft vom großen Zeh bis zur Kniekehle. Und jetzt zog es sogar hoch bis zum Arsch. Wenn das nur sein Ischiasnerv nicht mitbekam. Vor Jahren hatte der Ex-Kommissar sich einmal geschlagene sechs Wochen mit dem Ischias herumgequält.

Kruminale! Warum musste er diese Beinübungen machen? Er hatte doch Probleme mit seiner Schulter, nicht mit den Füßen!

Auch mit dieser Übung zeigte sich die Chefin nicht zufrieden.

„Alles verkürzt! Da müssen wir noch viel tun in den nächsten Tagen."

Das besitzergreifende „Wir" der Mediziner konnte sich die Tussi sparen. Was die für Ansprüche stellte! „Wir müssen viel tun!", grantelte Max Esterl leise vor sich hin. „Dass ich nicht lache. Ich allein muss viel tun. Und dabei bin ich einer überpedantischen Domina ausgeliefert, die diesen Gymnastinnenberuf bestimmt nur gewählt hat, um Patienten sadistisch zu quälen. Kruminale!"

Das Handy der Domina klingelte.

Sie nahm den Anruf an, der anscheinend mit der Erkrankung und Vertretung eines Kollegen zu tun hatte.

„Entschuldigung, Herr …“

„Esterl.“

„Herr Esterl, bitte entschuldigen Sie. Ich muss gerade eine Vertretung im Dienstplan organisieren. Bitte machen Sie zwei Minuten allein weiter. So wie ich´S ihnen gezeigt habe. Genau so!“

Max machte alleine weiter. So wie die Gymnastin es gezeigt hatte. Fuß auf die vierte Stufe der Sprossenwand und dehnen, dehnen, dehnen.

In dem Moment, als Max Esterls Oberschenkel in der größten Anspannung waren, und sein rechter Fuß in der vierten Stufe der Sprossenwand hing, brachte ihn die Stimme der Gymnastikdomina, die plötzlich wieder hinter ihm stand, aus dem Gleichgewicht.

Max versuchte, seinen Fuß aus den Sprossen zu befreien, blieb aber irgendwie saudumm hängen, ruderte mit den Armen und hopste mit dem Standbein herum, um sein Gleichgewicht wieder zu erlangen und wäre sicher böse auf die Nase gefallen, wenn ihn nicht eine starke Hand im letzten Moment gestützt hätte.

„Nicht zu viel wollen, Herr Esterl. Alles soll im grünen Bereich bleiben.“

Die hatte leicht reden, die Gitti! Kruminale! Jetzt hatte er sich auch noch überdehnt! Max spürte, wie sein Ischiasnerv heftig zu bohren begann und ging sofort in Schonhaltung. Den Schmerz kannte er. Bloß nicht wieder!

Die Domina lächelte süßsauer.

„Nichts übertreiben. Ja nichts übertreiben! Hab´ ich Ihnen doch gleich am Anfang gesagt."

Als die Domina das schmerzverzerrte Gesicht ihres Patienten sah, ruderte sie zurück: „Lassen wir die Beinübungen und machen noch ein oder zwei andere für die Schultern, dann ist sowieso Schluss für heute."

Max Esterl hinkte als geschlagener Mann aus der Folterkammer.

Gymnastik würde nicht sein Lieblingsfach auf dem Stundenplan werden.

Jetzt hatte Max eine halbe Stunde Zeit bis zum nächsten Programmpunkt: Ergotherapie.

Die Ergotherapie fand Max Esterl sehr sinnvoll und gut. Eine hübsche, gutgelaunte Therapeutin versuchte, seine Finger, seine Hand und seine Schulter durch feinmotorische Übungen wieder in Gang zu bringen. Als er der Therapeutin vorschlug, eine Partie Watten zu spielen, um über das Mischen und Kartengeben noch mehr Fingerfertigkeit zu erlangen, lachte die Michaela schallend: „Des steht zwar nicht im Lehrbuch, aber a gschickte Übung waar des scho. Hast Kartn dabei? Neda? Des nächste Moi spuin ma an Watterer."

Schon während der Ergotherapie spürte Max Esterl, dass es auf die Mittagszeit zuging. Sein Magen begann zu knurren. Wenn er daheim war, legte er zwischen Frühstück und Mittagessen meist noch eine kleine Zwischenmahlzeit ein, einen Apfel, eine Orange, manchmal, wenn er an einer seiner Lieblingsmetzgereien vorbei kam, auch ein Zöpfl mit warmem Leberkäs.

Heute hatte er nicht einmal ein Glas Wasser getrunken. Den Apfel, den er mitgebracht hatte, fühlte Max noch in der Seitentasche seiner Trainingsjacke.

Überpünktlich erschien Max zum Mittagessen. Bis auf die Bedienung Resi war noch niemand im Raum. Die Resi war gerade dabei, am Tisch vom Max eine der Serviettentaschen auszutauschen, die jeder Gast an seinem Platz liegen hatte und das dazugehörende Geschirr abzudecken.

Wie Max mit einem kurzen Blick feststellte, lagen die Taschen von ihm, dem Dr. Wimmer und der Frau Niedermeier noch an ihren Plätzen.

„Is was mit dem Herrn Ryba?"

„Der is nimmer da", war die einsilbige Antwort der Resi.

„Warum is der nimmer da?"

„Des weiß ich auch nicht, Herr…, er wird halt gnua ham von der Kur, oder er hat an Herzinfarkt ghabt oder sei Frau is gstorbn. Des passiert öfter, dass so eine Kur plötzlich abgebrochen wird. Entschuldigens."

Resi hatte gesehen, dass der Speisesaal sich zu füllen begann und eilte zum Ausgang, der zur Küche führte, um sich ihren Aufgaben zu widmen.

Max Esterl bediente sich am Salatbuffet - in fünf Minuten würde die Schlange davor sicher schon ewig lang sein - dann setzte er sich. Die Frau Niedermeier kam als erste. Sofort fiel ihr die fehlende vierte Tischgarnitur auf.

„Der Ryba?"

„Abgereist, sagt die Bedienung."

„Komisch, dass der so plötzlich davon ist, ohne etwas zu sagen oder eine Nachricht zu hinterlassen. Da muss was passiert sein. Abgereist? Das gibt es doch nicht! Gestern war der Ryba doch noch gut drauf", wunderte sich die Niedermeier. „Vielleicht ist da was passiert, in seiner Familie, dass er heim hat müssen. Aber dass er gar nichts gesagt und auch keine Nachricht hinterlassen hat!"

„Was soll denn da passiert sein?“

Der Doktor war lautlos mit seinem Rollstuhl herangeglitten.

„S´Essn hat eahm hoit net taugt, oder die Behandlung, oder eahm hat der Schlag troffa heit Nacht.“

„Ja, dann waar ja scho was passiert, wenn eahm der Schlag troffa hätt!“, entgegnete die Musiklehrerin und schüttelte den Kopf ob der Gefühllosigkeit des Dr. Wimmer.

Energisch schlug Irmi mit der Faust auf den Tisch: „Ich möchte wissen, was da los ist. Ich hab jetzt nach dem Essen eine Stunde Pause. Ich geh an die Rezeption und erkundige mich. Die werden mir schon sagen können, was passiert ist.“

So recht wollte dem Max das Mittagessen nicht schmecken. Ihr Tischnachbar war weg ohne sich zu verabschieden oder bei ihnen abzumelden. Max stocherte gedankenverloren in seinem Essen herum. Der Irmengard ging es, scheint´s genau so, wie Max feststellte. Eine halbe Roulade und ein ganzer Knödel blieben auf ihrem Teller zurück. Nur der Doktor aß fleißig alles auf. Ihn schien das Schicksal ihres Tischgenossen nicht besonders zu interessieren.

Nach dem Essen wollte Max Esterl ein kleines Nickerchen auf seinem Zimmer machen. Schon als er die ersten Treppenstufen nahm, durchzuckte ein ihm vom Fußball her nur allzu bekannter Schmerz sein rechtes Bein: Er hatte sich bei der Gymnastik durch seinen Übereifer eine Zerrung geholt. Der Ex-Kriminaler verzog sein Gesicht: Nicht schon wieder etwas Schmerzhaftes! Die ersten Tage nach der Operation hatten ihm gereicht!

Er nahm den Aufzug.

Als Max sein Zimmer betrat, fiel sein Blick auf die Jacke vom Ryba. Kruminale! Die hatte er vollkommen vergessen. Und der Ryba hatte sie anscheinend auch nicht vermisst, als er heute früh Hals über Kopf abgereist war. Max Esterl machte sich fast ein wenig Vorwürfe: Wenn er gestern Abend die Jacke nicht mit auf sein Zimmer genommen, sondern auf das Rezeptionspult gelegt hätte, dann hätte der Ryba nicht ohne sein Kleidungsstück heimfahren müssen.

„Hätte, hätte Fahrradkette", sagte man heute in solchen Situationen. Zu seiner Zeit hatte man das noch etwas drastischer ausgedrückt. „Wenn der Hund net gschiss´n hätt, dann hätt er den Hasen darennt."

Max tastete die Taschen der Jacke nach ihrem Inhalt ab. Nichts. Dann wäre es auch nicht eilig. Wer weiß, ob der Ryba das Fehlen des nicht mehr ganz neuen Kleidungsstücks überhaupt schon bemerkt hatte.

Erleichtert und müde streifte Max Esterl seine Schuhe ab, legte sich auf sein Bett, studierte sicherheitshalber noch einmal seinen Dienstplan und nahm seine Einschlafhaltung ein. Der nächste Termin war Massage bei Herrn oder Frau Strohmeier. Um 15:00. Da hatte er lange Zeit, zu schlafen…

Kapitel 8: Dienstag Nachmittag. Nichts? Das gibt es nicht!

Als Max auf seine Armbanduhr schaute, war es fünf vor drei. Und er wusste noch nicht einmal genau, wo die Massageabteilung untergebracht war.

Hastig nahm Max Esterl seine brombeerfarbene Trainingsjacke vom Kleiderhaken, schlüpfte schnell in seine Hausschuhe, krallte sich den Zimmerschlüssel und den Dienstplan und machte sich auf den Weg nach unten. Erst als er an der Rezeption vorbei kam, dachte er kurz an die Jacke, die er abzugeben hatte.

Aber ein Blick auf die Uhr über der Rezeption mahnte Max zur Eile.

Massage und Physiotherapie war wahrscheinlich die angenehmste von allen Disziplinen. Da wollte Max nichts versäumen. Kruminale!

Der Masseur und Physiotherapeut Josef Strohmeier erwies sich als männlich, blond, drahtig und offen-sympathisch. Seine Art zu behandeln tat Max Esterl zunächst weh, oft sogar sehr weh, dann aber, wenn der Schmerz nachließ, war alles gut und Max Esterl fühlte sich nach einer halben Stunde wie runderneuert.

Sich einfach nur dem hinzugeben, was der Strohmeier mit einem machte, erwies sich als Illusion.

Ständig kommentierte der Therapeut seine Handgriffe, erklärte, welchen Triggerpunkt er jetzt ansteuere und welche Faszie er da entlang streife.

„Jetzt wird es warm in den Zehen! Spürst as?“

Obwohl der Therapeut gerade seine Ohrwaschl aufs Übelste malträtierte, merkte Max Esterl, wie seine Zehen eine angenehme Wärme durchströmte.

„Alles hängt mit allem zusammen. Und für jedes Körperteil gibt es einen Punkt, über den du es ansteuern kannst."

Max staunte darüber, dass auch sein Körper solche Punkte aufwies. Kruminale. Merken konnte er sich jedoch nichts von dem, was der Strohmeier ihm erzählte. Aber das war auch egal.

Nach einer halben Stunde kam ein verjüngter und vergnügter Max Esterl aus der Massagekabine. Der Strohmeier lag in seiner persönlichen Therapeutenrangliste ganz vorne. Und morgen, las Max auf seinem Dienstplan, war er schon wieder dran.

Jetzt war eine dreiviertel Stunde Pause und dann kam „Lymphdrainage".

Max ging spazieren. Der Wetterbericht hatte für morgen ein Sturmtief vorausgesagt, da musste er den Sonnenschein noch nutzen!

Diesmal ging Max Esterl die rechte, die östliche Uferseite entlang. An ein ausgedehntes Badegelände mit Volleyballplatz schloss sich ein Bootsverleih an, der jedoch heute geschlossen hatte. Unter der Woche und in der Vorsaison – da war selbst am Chiemsee nicht jedes Geschäft der Renner. Max kam bis zu einer Gaststätte direkt am Ufer. Auch hier waren die Gartenstühle und Tische noch unbesetzt. Max war es recht. In der Hochsaison wollte er nicht unbedingt hier sein.

Max Esterl kam an einen Steg, der weit hinein in den See führte: Die Schiffsanlegestelle, an der, wie der Spaziergänger feststellte, verschiedene Verbindungen nach Prien, zur Herren- und zur Fraueninsel bestanden. Max studierte den Fahrplan. Wenn irgendjemand zu ihm hierher auf Besuch kam, konnte eine kleine Schifferlfahrt vielleicht ganz amüsant sein.

Jetzt aber musste Max sich sputen: Seine Lymphe warteten darauf, behandelt zu werden.

Nach der sehr angenehmen Lymphdrainage wollte Max Esterl noch einmal ein wenig an die frische Luft. Als er an der Rezeption vorbei ging, fiel ihm wieder der Ryba ein. Ganz spontan trat er auf die im Moment anscheinend beschäftigungslose Rezeptionistin zu:

„Entschuldigung, darf ich Sie etwas fragen?"

Die Dame blickte auf. Es war die Attraktive mit dem norddeutschen Zungenschlag.

„Der Herr Ryba, Er-Ypsilon-Be-A! Martin Ryba, der heute früh abgereist ist, der hat seine Jacke vergessen. Können Sie ihm die nachschicken? Und was ich noch fragen wollte:

Warum ist der Herr Ryba denn eigentlich abgereist? Wissen Sie da etwas?" Max Esterl konnte seine Neugierde nicht zügeln.

„Ryba, Ryba, Martin, sagten Sie?"

Max nickte.

Die Dame suchte in ihrem PC.

„Ob da jemand abgereist ist? Ich finde nichts. Wissen Sie, ich hatte nicht Dienst heute Vormittag. Das muss meine Kollegin bearbeitet haben."

„Können Sie dem Ryba die Jacke nachschicken, die er hier vergessen hat? Sie liegt auf meinem Zimmer. Wenn ich zum Abendessen gehe, bringe ich sie vorbei."

Die Dame suchte immer noch kopfschüttelnd in ihrem PC.

„Ich finde keinen Herrn Ryba hier in meinen Unterlagen."

Jetzt war es an Max, den Kopf zu schütteln.

Das konnte doch nicht sein! Selbst wenn der Ryba Hals über Kopf abgereist war. Seine Adresse musste doch gespeichert sein. Die mussten mit ihm abrechnen, ihm die Unterlagen schicken, Rechnungen, Quittungen.

„Nichts? Das gibt es nicht!"

Max überlegte nicht lange:

„Ich habe eine Bitte. Erkundigen Sie sich bei Ihrer Kollegin oder der Verwaltung nach dem Ryba."

„Aber seine Adresse dürfte ich Ihnen sowieso nicht geben. Datenschutz!"

Der Ex-Kommissar schlug jetzt einen anderen Ton an:

„Das mit dem Datenschutz ist mir schon klar. Aber seine Jacke müssen Sie ihm trotzdem nachschicken. Das kann man schon von Ihnen verlangen."

Eine Spur versöhnlicher fügte Max noch hinzu:

„Ist morgen früh die Dame von heute Morgen wieder an der Rezeption?"

Die Nachmittagsdame zog ihre Lippen beleidigt nach unten, nickte aber bestätigend.

„Gut, dann bringe ich die Jacke vom Herrn Ryba nach dem Frühstück runter und Ihre Kollegin soll sich darum kümmern."

Als Max Esterl nach dem Abendessen die Treppe hoch zu seinem Zimmer ging, merkte er, dass die Zerrung von heute Vormittag noch schlimmer war, als er zunächst gedacht hatte. Wieder ärgerte er sich darüber, dass er bei der Übung so übermotiviert und unvorsichtig gewesen war. Vom einen zu viel und vom anderen zu wenig! Gut, dass Eva nicht da war. Kruminale! Die hätte ihm eine kleine Standpauke gehalten.

Als Max anschließend mit Eva telefonierte, sagte er keinen Ton von der Zerrung.

Danach fuhr er mit dem Aufzug nach unten, hörte sich die Grantlereien vom Doktor noch einige Zeit an, sinnierte mit ihm über die möglichen Gründe für Rybas Abgang und trank derweilen drei Halbe Bier.

Seine Schmerzen schienen Max Esterl erträglich, trotzdem legte er die Ibus in Reichweite auf sein Nachtkastl.

Erst einmal aber versuchte Max, seinen Schlaf ohne Schmerzmittel zu finden. Das erwies sich als schwierig, sogar als äußerst schwierig.

Max Esterl hatte seinen Schlaf und seine Schlafpositionen schon vor Jahren, als er noch im Dienststress war, in einem Schlafstudio analysieren lassen.

Fünf Schlafpositionen hatte man ihm damals bestätigt:

1. Bauchlage: Gesicht links,
2. Bauchlage: Gesicht rechts,
3. Seitenlage links,
4. Seitenlage rechts,
5. Rückenlage.

Position 1 und 4 waren schon seit Wochen, seit seinem Unfall in Horská Kvilda tabu für Max. Da begann nach kurzer Zeit die rechte Schulter zu toben. Die Zerrung im rechten Bein aber bedeutete für Max Esterl, dass auch die Position 3 nicht mehr in Frage kam. In der Seitenlage links lag sein rechtes Bein so halb auf dem linken. Egal, wie er es positionierte, nach drei Minuten kam der Schmerz.

Jetzt blieben Max nur noch die 2 und die 5.

Bei der 5 aber schnarchte Max so stark, dass er von seinen eigenen Geräuschen geweckt wurde.

Blieb noch die 2!

Max seufzte tief. Bestimmt würde er heute Nacht kein Auge zutun. Kruminale!

Kapitel 9: Mittwoch. Sturmnacht

Was ihn geweckt hatte, konnte Max Esterl im Nachhinein nicht sagen. Waren es die Schmerzen gewesen, die ihn aus dem Bett hochfahren ließen, oder war es das heftige Brausen des Windes und das andauernde Schlagen des offenen Fensters gegen die Fensterlaibung?

Bieseln musste er auch.

Als Max aufstehen wollte, merkte er, dass sein rechter Oberschenkel heftig zuckte. Vorsichtig setzte er die Füße auf den Boden. Mit schmerzverzerrtem Gesicht tastete er sich zum Fenster und schloss es vorläufig.

Schon auf dem Weg zum Bad besserte sich sein Zustand. Vielleicht hatte er ja nur die falsche Schlafhaltung gehabt, hoffte Max. Zurück zur 2, dann würden die Schmerzen schon wieder vergehen!

Nachdem er vom Bieseln zurückgekommen war, stellte Max sich ans Fenster, blickte runter auf den See und versuchte, seinen Oberschenkel etwas zu lockern. Es war halb Vier, einschlafen würde er jetzt eh nicht können und bevor er sich tausend Mal im Bett drehte, schaute er lieber eine Zeit lang auf das Wasser hinaus.

Die Nachtstimmung war interessant, der Himmel war wolkenverhangen, nur hin und wieder lugte ein Stückchen des Mondes durch die Wolkenschleier und malte ein kurzes Leuchten auf die Seeoberfläche, die sich, getrieben von einem stürmischen Westwind, heftig aufbäumte.

Die Sturmstimmung passte sehr gut zu Max Esterls momentanem Zustand.

Der See war in Aufruhr. Auf dem nachtdunklen Wasser rollten weiße Schaumkronen dem Ufer entgegen, die dunklen Schemen der riesigen alten Uferbäume schüttelten und bogen sich unter der Wucht der Sturmböen, so dass die Baumkronen ihre silbrige Innenseite zeigten.

Irgendwo, das hörte Max Esterl sogar durch die Schallschluckfenster, schlug ein Tau andauernd gegen einen Alu-Masten, die Natur war in großer Bewegung.

Das gefiel dem Ex-Kommissar, und er beschloss, den dramatischen Szenen noch einige Zeit zuzuschauen. Er zog seine Hausschuhe an, rückte den Schreibtischstuhl in die Fenstermansarde und beobachtete das Schauspiel.

Weiter weg, am anderen Ende der Bucht, das musste schon in Richtung des Städtchens Prien sein, blinkte ständig ein roter Scheinwerfer.

Sturmwarnung! Max Esterl konnte sich nicht vorstellen, dass in dieser Nacht jemand auf die Idee kam, auf den See hinaus zu fahren. Nicht einmal der Berufsfischer, der Lackerschmid, würde heute Morgen auf Fang gehen, da war Max sicher.

Über diesen Gedanken wäre Max Esterl fast eingenickt. Aber irgendeine Bewegung, die er aus den Augenwinkeln gesehen hatte und die nicht ins Bild passte, ließ ihn wach werden und genauer hinschauen.

Links von der Klinik, genau zwischen zwei sich biegenden Büschen, bewegte sich etwas Langsames in einer Umgebung, in der alles zu rasen schien.

Aus dem Schatten der Klinik löste sich eine graue Gestalt. Max konnte nicht erkennen, ob es eine Frau oder ein Mann war, dazu war das Licht viel zu schlecht und die Person trug einen dunklen Anorak mit einer sich im Sturm blähenden Kapuze. Eher ein Mann, tippte der Ex-Kommissar. Ein Mann, der etwas Dunkles vor sich herschob.

Jetzt, als die Person kurz den Schein einer der wenigen Laternen am Seeufer querte, konnte Max erkennen, dass es ein Schubkarren war. Ein Schubkarren, auf dem sich eine Ladung befand, eine Ladung, die von einer dunklen Plane bedeckt war. Genaueres konnte Max nicht sehen, jetzt verdeckte die Person durch ihren Körper den Schubkarren und dessen Last fast völlig.

Max schaute erneut auf seine Uhr: Kurz vor Vier! Wer kam um diese Zeit und bei diesem Sturmwetter auf die Idee, eine Scheibtruhe durch die Gegend zu schieben? Brach der Lackerschmid doch zum Fischzug auf? Der war sicher nicht lebensmüde!

Jetzt nahm der Scheibtruhenfahrer den Weg zu der kleinen Bucht, die Max vorgestern erkundet hatte. Hatte der Fischer seine Bootsanlegestelle dort an der Bucht? Max glaubte, dessen Fischerboot gestern beim Spazierengehen an einem anderen Platz gesehen zu haben.

Da jetzt der Weg, den der Scheibtruhenfahrer nahm, von Max Esterls Position aus fast nicht mehr einzusehen war, beugte sich der Ex-Kommissar auf dem Fensterbrett vor, um seinen Sichtwinkel zu verbessern.

Dabei stieß er so heftig mit seiner wunden Schulter an die Laibung des Mansardenfensters, dass ihm vor Schmerz fast die Luft wegblieb und ihm die Tränen in die Augen traten. Kruminale!

Für einen Augenblick sah Max nichts mehr. Bis er noch zwei-, dreimal geflucht hatte, war der Scheibtruhenschieber im Dunkel der Nacht zwischen den Bäumen verschwunden, die den Weg zur Bucht säumten und Max den Blick auf diesen Teil des Chiemsees verwehrten.

Kruminale! Der Instinkt des Kriminalbeamten erwachte.

Um diese Zeit unter diesen Umständen an diesem Ort? Ganz normal war das nicht.

Entsorgte da jemand von der Klinik Sondermüll im See? Rätselhaft! Sehr rätselhaft! Viel mehr fiel Max Esterl im Moment nicht ein.

Er würde warten, bis die Person mit dem Schubkarren zurückkam. Es gab nur diesen einen Weg. Oder fuhr der Schieber über den See? In diesem Boot, so überlegte Max, möchte ich bei diesem Sturm nicht sitzen.

Das Warten zog sich und zog sich. Die Scheibtruhe kam nicht zurück und ihr Schieber kam nicht zurück.

Gab es da noch einen anderen Weg retour? War der Schieber mit seiner Last gar hinaus auf den See gefahren? Das wäre ein lebensgefährliches Unternehmen…Krumina…

Als Max aufwachte, war es schon hell. Ihm taten alle Glieder weh, vor allem natürlich der lädierte Oberschenkel und seine rechte Schulter.

Halb sechs! Kruminale! Im Sessel eingeschlafen war er. Nicht einmal zum Observieren taugte er mehr.

Schnell legte sich Max in sein inzwischen erkaltetes Bett. Wenigstens ein Stünderl Schlaf wollte er sich noch gönnen. Der Sturm hatte sich gelegt.

Max war sich für einen Moment nicht ganz sicher, ob er die ganze Geschichte nicht geträumt hatte.

Das Stünderl Schlaf, das dem Ex-Kommissar noch gegönnt war, konnte seinen Zustand nicht verbessern: Das Kreuz tat Max weh, sein Oberschenkel zerrte und sein Hirn war dergatscht.

Max Esterl fiel es schwer, aus den Federn zu kommen.

Seine zwei Tischnachbarn saßen schon beim Frühstück. Der Doktor brummte irgendetwas zur Begrüßung in seinen immer dichter und ungepflegter werdenden grauen Bart. Die Irmengard war selbstverständlich gut aufgelegt.

Mit ihrer Frühstückssemmel deutete sie auf den freien Platz neben sich:

„Und? Hast was rauskriegt?"

„Die haben nicht einmal mehr seine Adresse an der Rezeption!"

Max erzählte, was er gestern Abend erlebt hatte, als er die Jacke abgeben wollte.

„Das gibt's doch nicht! Kann man da nichts machen? Der Ryba kann doch nicht spurlos verschwunden sein! Wir haben ihn uns doch nicht geträumt!"

„Natürlich hat die Klinik eine gewisse Verpflichtung, die Jacke nachzuschicken. Vom Gesetz her gibt es zwar da eine Grauzone", schaltete sich plötzlich der Doktor mit seiner tiefen, heiseren Stimme ein. „Ein Shampoo brauchen´s nicht zuschicken oder eine Zahnpastatube, aber eine Jacke, eine Jacke ist schon grenzwertig. War was drin in der Jacke? Geldbeutel, Ausweis?"

Max schüttelte den Kopf.

„Naja, dann werden sie es nicht eilig haben. Wenn es nicht gerade eine 400-Euro-Jacke ist."

Max schüttelte erneut den Kopf.

„Vielleicht war der Auszug vom Ryba auch ein wenig unangenehm für die Klinik oder auch für den Ryba. Wer weiß, was da in der Nacht passiert ist? Hat er sich recht aufg´führt? A bissl was getrunken hatte er ja auch, wenn ich mich richtig erinnere."

„Ihr Männer", konnte die Irmengard einen Stoßseufzer nicht unterdrücken.

„Da habe ich in meiner Praxis auch einmal einen solchen Fall gehabt."

Schau her, der Rechtsanwalt wird auf einmal gesprächig, dachte Max bei sich. Doch bevor er weitererzählen konnte, hatte Irmengard schon ihre Serviette in ihr Tischtascherl gesteckt und war aufgestanden:

„Ich muss pünktlich sein. Heut hab ich ein Gruppenangebot. Da wird es nicht gerne gesehen, wenn sich einer verspätet."

Max Esterl nutzte die Gelegenheit und verließ mit Irmi den Tisch. Den Vortrag des Alten konnte er sich sparen. Aber immerhin hatte der Doktor Interesse gezeigt. Das erste Mal!

War die Jacke jetzt so viel wert, dass sich das Nachschicken rentierte?

Auf seinem Zimmer angekommen, holte Max die Jacke vom Bügel und betrachtete sie.

Dabei sah er wieder den Ryba vor seinem geistigen Auge.

Der Doktor hatte gerade eben Recht gehabt mit seiner Bemerkung, dass der Ryba vorgestern ziemlich angeschickert war. Wenn er nur noch deutlicher gesprochen hätte.

Max versuchte zu rekonstruieren, was der Tscheche gelallt hatte:

Dass er morgen früh zum Doktor gehen werde. Offensichtlich zum Doktor Černý, seinem Landsmann.

Das war sein letzter Satz gewesen, ein Satz, den Max Esterl auch ganz deutlich verstanden hatte. Die Sätze vorher dagegen waren Max nicht mehr so genau in Erinnerung.

Dass er etwas über ihn oder von ihm wusste? Bei dem Ex-Kommissar stellte sich wieder ein Bauchgefühl ein, das ihm sagte, dass hier etwas nicht mit rechten Dingen zuging. Warum waren alle Informationen über den Ryba getilgt? Klar durften die an der Rezeption aus Datenschutzgründen nichts rausgeben, aber die eine Dame hatte doch gesagt, dass sie nichts finden könne.

In diesem Moment beschloss Max Esterl, die Jacke zu behalten. So wertvoll war sie nicht, dass der Ryba auf sie nicht verzichten konnte, in den Taschen fand Max nichts, außer einem gebrauchten Papiertaschentuch. Die Jacke war der einzige Beweis, dass ihr Tischnachbar überhaupt existiert hatte. Max schlichtete sie neben seine Hemden in den Kleiderschrank.

Seiner Eva würde er nichts davon erzählen. Max wusste, was seine Frau sagen würde.

„Schon wieder, Max Esterl! Nicht einmal in der Rehaklinik kannst du es lassen. Du wirst nie mehr gescheiter."

Max grinste bei dem Gedanken an Eva und schlüpfte in seine Sportschuhe und seine Trainingsjacke.

Die Domina wartete bestimmt nicht gerne.

Diesmal hatte Gitti Kreide gefressen. Die Übungen, die sie Max machen ließ, dienten alle der Rückenstärkung und taten gut. Der gezerrte Oberschenkel wurde in Ruhe gelassen. Der Zustand vom Max begann sich zu bessern.

Nach der Gymnastik machte Max wieder einen kleinen Spaziergang. Das nächtliche Erlebnis ließ ihm keine Ruhe. Der Sturm hatte sich gelegt, das Wetter hatte sich herausgeputzt, Max sah hinüber auf die Kette der Chiemgauer Berge:

Wie hießen sie noch? Hochfelln und Hochgern, die Namen dieser zwei verwechselte er gern, dann kam das Tal der Tiroler Achen, dann, dann…? Max ärgerte sich über seinen Gedächtnisschwund. Noch ein Berg mit „Hoch" im Namen. Danach, Richtung Westen schloss sich ein Berg an, der so einen typischen markanten Felsenkamm trug, dass Max sich sowohl sein Bild untrüglich einprägen als auch seinen Namen unauslöschlich merken konnte.

Die Kampenwand. Die hatte ein Lehrer von ihnen immer als typisches Beispiel für den Konjunktiv hergenommen:

„Heut ging ich auf die Kampenwand…, no, Maxl, wie geht´s weiter?“

„Wenn ich mit meiner Wampn kannt, Herr Professor“, antwortete der damals noch zaundürre Gymnasiast Max Esterl.

Sein heutiger Spaziergang führte Max aber weg von den Bergen, in die andere Richtung.

Max Esterl ging den Weg, den der Schubkarrenfahrer genommen hatte, nochmals nach. Vielleicht fand sich ja etwas. Irgendeine Spur. Vielleicht fand sich auch die Scheibtruhe.

Beim Gang zum See hinunter schalt Max sich selber: Wie ein kleiner Bub bist du, Kruminale! Beim Räuber und Gendarm-Spielen! Aber er ging weiter, allerdings ohne einen Hinweis zu finden. Rechts lagen einige Segelboote, die scheint´s schon länger keiner benutzt hatte; die hätten heute Nacht bei dem Sturm allerdings auch überhaupt zu nichts getaugt. Max machte einen Bogen um den Anleger, an dem die Boote vertäut waren und wurde auf ein Ruderboot aufmerksam, das etwas versteckt hinter den Segelbooten an einer Kette im Wasser schaukelte. Im Gegensatz zu allen anderen Booten war dessen Kette durch kein Schloss gesichert.

Natürlich war der Bootsplatz ziemlich abgelegen, überlegte der Ex-Kommissar, und natürlich hatte das Ruderboot auch keinen zu großen Wert. Aber es hier ungesichert zu lassen, das war schon Leichtsinn.

Als Max näher an das Boot heranging, bemerkte er eine Reifenspur, die zum Boot hinführte. Teile einer Reifenspur, korrigierte sich der akkurat arbeitende Ermittler Max Esterl.

Die Spur war nur an einer kurzen, etwa zwanzig Zentimeter messenden Stelle sichtbar, wo der Schieber des Karrens offensichtlich vom Kiesweg abgekommen und in eine verschlammte seichte Wasserlacke geraten war. Ziemlich deutlich sah man den Abdruck eines schmalen Reifens, der sich da am Grunde der flachen Wasserlacke abzeichnete.

Die Spur, das unbefestigte Ruderboot: Das passte zusammen. Kruminale!

Max nahm sich vor, in der nächsten Freistunde sein Handy mitzunehmen und das Boot sowie die Spur zu fotografieren. Beweissicherung! Der Ex-Kriminaler lächelte wieder über sich selber. Eva war in diesem Moment so präsent, als ob sie neben ihm stehen und ihren Kopf in stummer Anklage schütteln würde.

Auf dem Rückweg hin zur Klinik beobachtete der Ex-Polizist auf dem Gelände der Fischerei Lackerschmid einen Mann in Arbeitsmontur, der neben der Steckerlfischhütte einige dicke Äste entfernte, die der Sturm geknickt und von den Bäumen heruntergerissen hatte. Ein großer, stattlicher, rotblonder Mann: Das musste der Fischer sein.

Max blieb am Zaun stehen. Als er sah, dass der Fischer ihn bemerkte, rief er hinüber:

„Hat ganz schön gehaust, heut Nacht."

„Ja, scho."

„Hat's oft an so an Sturm, da auf´m See?"

„Na, neda."

„Guat, dass die Äste net auf de Hüttn draufgfallen sind!"

„Ja eh."

Der Fischer war eher keiner von der gesprächigen Sorte.

Max beschloss, seine Fragen präziser zu formulieren. Eigentlich hatte er nur noch diese eine, die entscheidende:

„San Sie dann heit Nacht draußen gewesen aufm See?“

Auf diese Frage gab der Schweiger überhaupt keine Antwort. Zumindest keine verbale.

Er schüttelte seinen Kopf, deutete mit seinem Zeigefinger gegen seine Stirn und lachte.

Max genügte das.

„Ab übermorgen gibt´s dann an Steckerlfisch?“

„Ja.“

Viele Worte hatte der Lackerschmid nicht gesagt, Max wusste dennoch alles, was er wissen wollte.

Nach dem Mittagessen hatte Max Esterl Pause bis drei Uhr. Das reichte für einen Mittagsschlaf und eine erneute Besichtigung der Bootsanlegestelle. Diesmal hatte Max sein Handy dabei.

Erst einmal wollte er sich versichern, dass nicht irgendwelche anderen Besucher den Weg zur Bucht gefunden hatten, die ihn stören und dumme Fragen stellen konnten. Max ging vor bis zur Vogelbeobachtungsstation, einem kleinen, aus Holz gezimmerten Aussichtsturm, von dem aus man nicht nur die Bucht, sondern auch deren Umfeld einsehen konnte.

Niemand zu sehen. Auch nicht auf dem Kiesweg, der von der Fischerei hierher führte. Max stieg vom Turm herunter, ging geradewegs zur Spurbeweislacke. Diese war zwar mittlerweile fast ausgetrocknet, aber die Reifenspur war noch gut zu sehen.

Der Ex-Kriminaler zog sein Handy aus der Tasche und tippte mit seinem Zeigefinger auf das Fotosymbol. Ein, zwei Bilder schoss Max aus der Hüfte, die sollten die Lage der Spur verdeutlichen.

Dann sicherte er erneut nach hinten. Niemand zu sehen und zu hören.

Um gute Nahaufnahmen zu bekommen, musste Max dichter ran. Er versuchte in die Hocke zu gehen, spürte aber sofort wieder den Schmerz der Zerrung, die seinen Oberschenkel zusammenzog, so dass er sich mit einem Ruck aufrichtete.

Er musste knien, um nahe genug an die Spur heranzukommen. Schon wieder hörte Max Esterl im Hinterkopf die Stimme seiner Frau Eva.

Nein, er würde nicht in den Gnantsch da hineinknien und sich seine nagelneue Trainingshose versauen.

Umständlich packte Max ein Papiertaschentuch aus und legte es säuberlich dorthin, wo er sein linkes Knie aufzusetzen gedachte. Dann ließ er sich langsam und vorsichtig, immer auf sein labiles Gleichgewicht achtend, hinunter, bis seine linke Hand den Boden erreichte und er sich aufstützen konnte. In der rechten Hand hielt Max das schussbereite Handy.

Nun ging er, sich mit der linken Hand am Boden stützend, mit dem linken Knie ganz langsam nach unten, bis es das Taschentuch erreichte. Als er sein Knie aufsetzte, bemerkte Max, dass er entweder sein Taschentuch falsch gelegt oder sein Knie falsch gestellt hatte. Die Nässe und der Schlamm durchweichten sofort seine Trainingshose.

Was für ein alter Mann war er doch geworden, stellte Max fest. Früher, in seiner aktiven Zeit, hätte er sich in die Hocke runtergelassen, bis sein Arsch seine Fersen berührt hätte. Heute musste er für die einfachsten Sachen eine Strategie entwickeln, um diese ausführen zu können!

Jetzt, wo Max unten war, ging er möglichst nahe an die Spur heran. Zwei Aufnahmen hatte er schon im Kasten. Sollte er nicht ein wenig die Perspektive wechseln? Eine andere Position suchen? Schier unmöglich! Sein rechter Oberschenkel zwickte und sein linker Unterschenkel begann einzuschlafen. Nur noch eine Aufnahme. Noch näher ran. Das musste genügen! Kruminale!

Genau in dem Moment, als Max sich in seiner Bein- und Beckenmuskeln verspannenden Fototätigkeit mit eiserner Disziplin so in der Waage hielt, dass er mit dem Handy nicht zitterte und die Aufnahme verwackelte, genau in dem Moment hörte er, wie Schritte sich näherten. Kruminale! Das war oberpeinlich, wenn er jetzt so dasaß, wie zum Scheißen…

Irgendwie gelang es dem Fotografen noch abzudrücken, bevor er aus seiner absurden Position in die Höhe schoss. Das Handy entglitt ihm bei seiner schnellenden Bewegung, es machte sich selbstständig, flog in Richtung Lacke und landete im Gras daneben halb verdeckt unter den Stauden, die den Weg säumten.

Max stand da und wusste nicht, wie er sich verhalten sollte, während der Spaziergänger sich zielstrebig näherte. Hatte der andere gesehen, welches Schauspiel Max da eben geliefert hatte? Hatte er gesehen, dass er vorher auf den Knieen in eine Schlammlacke hineinfotografiert hatte? Sein Handy in die Büsche geflogen war? Wenn er nicht total blind den Weg entlang gelaufen war, musste er eigentlich etwas bemerkt haben.

Natürlich konnte Max fotografieren, was und wo er wollte. Irgendwie aber kam er sich trotzdem ziemlich deplatziert vor.

Dieser Eindruck verstärkte sich noch, als Max sah, wer der Mann war, der nun direkt vor ihm stand.

„Grüß Gott, Herr Doktor. Machen´S auch einen Spaziergang? Heut ist ja das Wetter wieder so, dass man rausgehen kann. Und Sie, kommen Sie auch mal dazu, dass Sie einen Fuß vor die Klinik setzen?“ Vor lauter Verlegenheit sprudelte Max Esterl die Sätze nur so aus sich heraus.

Der Dr. Černý sagte nur ein knappes „Guten Tag“, aber er musterte Max von oben bis unten. Bestimmt hatte er den großen Schlammfleck auf seinem Knie bemerkt und vielleicht auch das Handy gesehen, das im nicht allzu hohen Gras lag. Was würde der sich wohl denken?

Der Doktor ging an Max Esterl vorbei Richtung Bootsanlegestelle. Jetzt konnte der Ex-Kommissar natürlich nicht zum ungesicherten Ruderboot gehen, um es zu fotografieren, das wäre viel zu auffällig gewesen.

Max versicherte sich, dass der Černý zwischen den Booten verschwunden und außer Sichtweite war. Dann bückte er sich schnell um sein Handy mit den Beweisfotos. Das Boot würde er ein anderes Mal fotografieren, das lief ihm ja nicht davon. Wieder schüttelte Max seinen Kopf über sich selber und sein kindisches Verhalten.

Irgendetwas aber sagte ihm, dass er nicht lockerlassen solle.

Bevor er zur Massage ging, schaute Max sich die Fotos an, die er eben geschossen hatte. Deutlich erkannte man die Reifenspur im Schlamm. Morgen würde er die Beweisaufnahme fortführen.

Kapitel 10: Donnerstag. „Am besten wär´s beim Braxei“

Der gestrige Abend hatte eine Überraschung für Max Esterl bereitgehalten. Während seines abendlichen Absackers mit dem immer zugänglicher werdenden Doktor Wimmer hatte sein Handy geklingelt. Das Display zeigte eine tschechische Nummer an.

„Max Esterl hier.“

„Ahoj Maxe, wie gäht?“

Pepi Holub, sein alter Freund von der Pilsener Polizei!

„Kruminale, Pepi, das ist ja eine Überraschung! Weißt du überhaupt, wo ich bin?“

Jetzt wollte Max seinerseits den Pepi überraschen.

„Ich bin…“

„Ins Reha-Klinik an Chiemsää, ich weiß. Behmisch Polizei weiß alles.“

Noch ehe Max auch nur Luft holen konnte, redete der Pepi schon weiter:

„Maxe, wie sieht aus mit Wikend, Freitag bis Sonntag? Hast frei in dr Klinik Samstag und Sonntag? Hast Zeit fir Freind Pepi?“

„Ja, Pepi, natürlich hab ich Zeit!“ Eva würde erst nächstes oder übernächstes Wochenende auf Besuch kommen.

„Für dich hab ich doch immer Zeit.“ Max überlegte.

„Freitag, das ist ja schon morgen! Hier in der Klinik läuft die Zeit ganz anders, Pepi, hier verliert man den Überblick über die Tage.“

„Ich weiß. Ist wie in Gäfängnis. Ein Tag gleich wie andäräs. Du, Maxe, ich hab noch Bittä.“

„Ja, Pepi?“

„Kannst du besorgän Zimmer in Hotäl an Chiemsää. Zwei Pärsonän. Zwei Nächte.“

„Auf die Schnelle? Von Heut auf Morgen? Wird nicht einfach sein, Pepi, aber ich probiere es. Doppelzimmer, hast du gesagt?“ Max grinste, weil er von Pepis diversen Liebschaften wusste. Wobei das Wort „divers“ bei Holub durchaus nur im Hinblick auf seine wechselnden Partnerinnen zutraf, mit anderen Geschlechtern als dem weiblichen hatte der Pepi nichts am Hut.

„Wer ist denn die Glückliche?“

„Iberraschung, Maxe.“

Mehr war dem Freund nicht zu entlocken gewesen, und so fragte Max Esterl beim Frühstück seine einheimische Gewährsperson, die Frau Niedermeier nach Übernachtungsmöglichkeiten.

„Schon für morgen?“, war natürlich das Erste, was Max hörte. „Aber es ist noch nicht Saison, da finden wir schon was.“

Max war der Musiklehrerin dankbar, dass sie sich seines Anliegens angenommen hatte.

„Am besten wär´s beim Braxei.“

Max Esterl schaute die Tischnachbarin verständnislos an.

Die Irmengard lächelte verständnisvoll und erklärte:

„Braxei ist der Hausname der Fischerfamilie Lackerschmid, gleich gegenüber unserer Klinik. Brachsen sind beliebte Chiemseefische, daher der Name. Beim Braxei hat es dein Freund nicht weit, die Zimmer und die Familie sind in Ordnung. Soll ich da mal anfragen? Ich kenn die Familie“, setzte Irmengard erklärend hinzu.

Max nickte:

„Das passt. Mit dem Lackerschmid, dem Braxei, hab ich schon mal kurz gesprochen, so über´n Zaun. Das heißt, ich hab gesprochen. Er hat praktisch nichts gesagt. Der macht aber einen guten Eindruck. Wenn du so nett wärst?“

„Ich geh gleich nach dem Frühstück mit dir rüber, Max.“

Die Frau Lackerschmid zögerte zwar mit einer Zusage, weil es die erste Vermietung in diesem Jahr sei und sie die Zimmer noch nicht hergerichtet habe, aber sie tat sich offensichtlich schwer, der Frau Niedermeier einen Wunsch abzuschlagen.

Max verabschiedete sich von den beiden Damen, gab an, er wolle noch ein wenig spazieren und ging Richtung See. Das fragliche Boot musste unbedingt fotografiert werden. Beweisaufnahme zweiter Teil.

Als Max die Anlegestelle erreichte, fiel ihm sofort auf, dass das Ruderboot diesmal gesichert war. Ein nagelneues Fahrradschloss war angebracht worden. Irgendjemand hatte die Zeit seit gestern früh genutzt. Auch war das Boot anscheinend gesäubert worden. Auf dem Boden jedes Bootes fanden sich Ablagerungen: Dreck, Staub, Steinderl, Kaugummipapierl, was halt die Benutzer alles in den Profilen ihrer Schuhe mit ins Innere trugen oder sonstwie liegen ließen. Hier war nichts zu sehen. Jemand hatte gründlich gereinigt.

Die Spurensicherung würde schon was finden, dachte Max und schalt sich im gleichen Moment, weil er schon wieder in seine berufliche Vergangenheit zurückgefallen war.

Die Fotos waren schnell gemacht. Max ging zurück zur Klinik. Jetzt musste er sich auf die nächste Anwendung konzentrieren: Gymnastik stand auf seinem Dienstplan.

Diesmal lief es besser, viel besser bei Max. Das Zwicken im Oberschenkel war kaum noch zu spüren, und die Domina hatte heute wieder einen milden Tag. Zwei Mal lobte sie ihren Patienten sogar.

Kapitel 11: Freitag. Besuch aus Železná Ruda

Heute sollte Pepi Holub mit seiner Begleiterin kommen, deren Identität Pepi seinem Freund Max nicht preisgeben wollte.

War es Dana, die schöne Polizeipsychologin aus Prag, zu der Polizeioberst Josef Holub eine immer wieder heftig aufflammende aber genauso schnell und so heftig zerbrechende Beziehung pflegte, oder war es eine neue Flamme?

Beim Frühstück ließ sich Max von seiner Tischkollegin Irmengard sicherheitshalber Tipps für Ausflüge rund um den Chiemsee geben. Die Wanderung in den Bergen und die Radtour um den See hatte Max gleich ausgeschlossen. Sein Freund Pepi, erklärte er der Irmengard, war eher der Typ Tourist, der den drei goldenen Regeln huldigte:

Berge von unten, Kirchen von außen, Wirtshäuser von innen.

Eine Chiemseerundfahrt mit dem Schiff samt Einkehr in der Inselwirtschaft auf Frauenchiemsee und eine Seilbahnfahrt zur Kampenwand mit viertelstündiger Kurzwanderung zu einer der Almwirtschaften waren schließlich in die engere Auswahl gekommen. Diese zwei Unternehmungen reichten auch für ein Wochenende, fand Max Esterl.

Für den Freitagabend hatte er sich den Steckerlfisch beim Braxei vorgenommen.

Ein gutes Programm. Pepi würde begeistert sein. Auch der Wetterbericht passte: Ein Sonne-Wolken-Mix ohne Niederschläge und mit angenehmen Temperaturen war vorhergesagt.

Ab dem Mittagessen ging die Kurklinik in den Wochenendmodus über. Keine Anwendungen mehr, der Rehabetrieb ruhte. Der Gymnastikraum durfte auf eigene Verantwortung benutzt werden, der Speisesaal war natürlich geöffnet. Max hatte nicht vor, ihn außer zum Frühstück zu betreten. Er würde mit Pepi und seiner Partnerin, wer auch immer das war, unterwegs sein.

Kaum hatte sich Max zu seinem obligatorischen Mittagsschläfchen hingelegt, da meldete sich schon sein Handy.

Max hatte mit seinem Freund Pepi ausgemacht, dass dieser ihn anrufen würde, sobald er die Autobahn an der Ausfahrt Felden verlassen hatte. Viel Zeit blieb dem Ex-Kommissar nicht: Der Weg von dritten Stock nach unten dauerte nicht länger als das Stückchen Fahrt von der A8 zum Klinikparkplatz.

Als Max Esterl ein wenig außer Atem die Rezeption erreichte, kamen Polizeioberst Pepi Holub und seine Begleitung gerade zur Eingangstür herein. Was Max sah, ließ ihm den Atem noch ein bisschen schneller gehen.

Die Begleiterin, um deren Namen Pepi so herumgeheimnist hatte, war eine dezente Schönheit: Ihr schlichtes, dunkles Kostüm betonte ihre sehr weibliche Figur, ihre dunklen, ein wenig ins Rötliche changierenden Haare, die sie in einem Pagenschnitt trug, umrahmten ein ebenmäßiges, klassisch schönes Gesicht, die dunkelrot geschminkten, fein geschwungenen Lippen bildeten einen starken Kontrast zu ihrem eher blassen Teint:

Irmi sah umwerfend aus! Sie ließ, kaum dass sie Max Esterl erblickt hatte, ihre Tasche und ihren Mantel, den sie über dem Arm trug, zu Boden fallen, lächelte, breitete ihre Hände aus und lief auf Max Esterl zu, um ihn innig zu halsen und ihm ein Bussl auf die Wange zu drücken.

Der Rezeptionsdame, die die Szene verfolgte, fiel der Kugelschreiber aus der Hand, während ihr Kiefer nach unten klappte.

„Ach Max, es ist so schön, dich nach so langer Zeit wieder zu sehen!" Irmis Arme drückten Max noch eine Spur fester und er spürte einen Hauch ihres dezenten Parfüms.

„Kruminale! Die Irmi!"

Max Esterl war es, als ob die Zeit stehengeblieben sei. Seit über zwei Jahren, seit Beginn der Corona-Pandemie hatte er die Irmi nicht mehr gesehen.

Die Irmi aus Straubing, die das Leben nach Železná Ruda verschlagen hatte, wo sie ein Bordell betrieb und trotz ihres Milieus eine gute, eine ehrliche Haut geblieben war. Die Irmi, die den Max, aus Gründen, die er nicht sagen konnte und die sie selber vielleicht nicht einmal ahnte, verehrte. Die Irmi, die dem Max immer wieder versteckte und manchmal sogar sehr offene Avancen gemacht hatte, die der Max immer wieder auf taktvolle Art abgelehnt hatte, so dass sich daraus fast so etwas wie ein Spiel entwickelt hatte, das, so musste Max zugeben, für ihn durchaus einen gewissen erotischen Reiz hatte.

Pepi Holub war Stammkunde bei der Irmi. Auch er behandelte sie mit größtem Respekt. Vielleicht war sie sogar seine große Liebe.

Wie sich beim Kaffeetrinken herausstellte, war es Irmis Idee gewesen, den Max zu besuchen.

„Seit Corona geht nichts mehr im Roten Herz. Das Geschäft ist im Arsch. Fast nur noch Stammkunden."

Irmi warf einen dankbaren Blick zu Pepi hin.

„Meine Krise ist schlimmer als die in der Gastronomie. Und ich krieg keine Hilfen vom Staat wie die Hotels."

Max wusste nicht so recht, ob er die Irmi wirklich bedauern sollte.

„Aber das ist nicht der eigentliche Grund, warum ich hier bin."

„Was dann?"

„Weißt, Max, ich hatte schon immer einen Wunsch."

Als Max fragend seine Augenbrauen hob, fuhr Irmi fort: „Das wirst du vielleicht nicht glauben, von mir und…und bei dem Geschäft, das ich betreibe."

Jetzt war Max wirklich neugierig geworden.

Irmi nestelte verlegen an dem silbernen Kreuzchen herum, das an einer feinen Kette um ihren Hals hing.

„Du wirst es nicht glauben", wiederholte die Bordellchefin, „aber ich möchte morgen das Grab meiner Namenspatronin besuchen. Ich hab doch so eine stark religiöse Ader."

Jetzt stand auch Max der Mund offen. Irmi hatte so viele überraschende Seiten, und jetzt auch noch diese!

„Ja, ich bin bei den Armen Schulschwestern aufs Gymnasium gegangen, war eine schöne Zeit! Da ist halt Einiges hängengeblieben."

„Du brauchst dich nicht zu entschuldigen, Irmi. Und wie ist das mit deiner Namenspatronin?"

„Die Irmingard oder Irmengard ist im Kloster auf der Fraueninsel Äbtissin gewesen. Dort ist auch ihr Grab. Und das möchte ich mir morgen anschauen, einige Momente dort verweilen und ein wenig beten."

Irmi blickte Max offen ins Gesicht.

„In meinem Beruf hat man nicht viele solcher Gelegenheiten. Kommst mit, Max? Das würd´ mich freuen."

Max hatte kaum zugesagt, da kam die zweite, die Niedermeier Irmengard aus der Glastür, die zu den Zimmern, aber auch zu den meisten der Behandlungsräume führte. Sie hatte noch eine Gymnastikstunde absolviert und hatte es sich nicht nehmen lassen, den Besuch ihres Tischkollegen persönlich zum Übernachtungsquartier beim Braxei zu führen. Max hatte ihr die Freude gelassen, ihre Neugier zu befriedigen. Sie hatte ja schließlich das Zimmer besorgt.

Irmengard war auch überrascht, das erkannte Max an ihren weit geöffneten Augen und an ihrer Mimik. Wahrscheinlich, so mutmaßte er, hatte sie nicht mit so einem Duo gerechnet:

Der kugelbauchige, schon in die Jahre gekommene, graumelierte Tscheche und die fast exotische Schöne, die dem Anschein nach irgendwie zwischen ihrem Galan und Max Esterl, ihrem bisher so bieder auftretenden Tischnachbarn stand.

Die Neugier der Musiklehrerin stieg, das konnte man ihr ansehen.

Das „Gutän Tag, ärgäbänstär Dienr", das der Tscheche nach einem gepflegten Handkuss mit seinem böhmischen Akzent zu ihr sagte, verstand sie nicht sofort, das bairische „Griaß eahna", das sie von der Irmi zu hören bekam, verstand sie natürlich gleich. Die Zusammenhänge aber machten sie ratlos.

Ein wamperter Tscheche mit einer deutschen Schönheit, die Bairisch redete. Das waren die Freunde, die Max Esterl angekündigt hatte?

Die Überraschung der Irmengard wurde noch größer, als Max Esterl die beiden vorstellte:

„Das ist mein Freund, der Pepi. Diesen tschechischen Namen kannst du dir sicher leicht merken. Und das", Max deutete auf die Schöne neben sich, „das ist die… Irmi!" und zur Eisensteiner Irmi gewandt rief Max: „Und das ist die… Irmengard Nummer zwei aus Bernau." Als die beiden Frauen checkten, dass sie den gleichen Vornamen hatten, fielen sie sich spontan um den Hals: Die brave Musiklehrerin und die Bordellbetreiberin waren sich von Anfang an sympathisch.

Das Quartier in einem kleinen Ferienhäusl neben dem Fischereibetrieb war schnell bezogen, Irmi strahlte, als sie mit Pepi die Ferienwohnung verließ, die zwei draußen Wartenden an.

„Jetzt hätt i Lust auf an Spaziergang, nach der langen Autofahrt! Geht´s ihr zwoa mit?", wandte sie sich an ihre Namenskollegin und den Max. „Irmengard, du kannst uns doch bestimmt Einiges zeigen, wenn du von hier bist."

Die Vier spazierten am Ufer entlang und passierten den Anlegesteg der Chiemseeschifffahrt.

„Hier werden wir uns morgen treffen. Von hier aus fährt das Schiff. Um 10:30. Seid pünktlich und vergesst eure Impfausweise nicht."

Nach einigen weiteren Gehminuten machte die Bernauer Irmengard Halt.

„Da drüben: Da ist die Fraueninsel! Da drüben! Jetzt wird sie nicht mehr verdeckt von der Herreninsel."

Irmengard zeigte hinüber zu der kleinen Insel mitten im großen See, der still im milden Nachmittagslicht dalag. Man konnte Bäume, einige Häuser und ein größeres Gebäude erkennen.

„Das Kloster!", kommentierte Irmengard. „Und dahinter, wenn´s genau hinschaut´s, seht ihr einen Turm. Eines der ältesten Bauwerke Bayerns. Romanisch."

„Da wollma morgen rüberfahrn. Fahrst mit, Irmengard? Das wär nett. Zwei Irmis bei ihrer Patronin. Da wird sie sich freuen, die Heilige Irmengard."

„Sie ist zwar nur eine Selige“, verbesserte Irmi II, „aber freuen wird sie sich schon, wenn wir kommen. So viele Irmengards gibt es nicht mehr. Unser Name wird seltener.“

„Heilig – Sälig. Wo ist Untrschied?“

„Das erklärt uns die Bernauer Irmi morgen an Ort und Stelle. Wollen wir nicht schön langsam zum Steckerlfisch gehen?“ Max Esterl hatte schon seit einiger Zeit so ein Hungergefühl. Und Pepi hatte bestimmt Durst.

Die Bernauer Irmi verabschiedete sich am Landungssteg von ihren neuen Freunden und versprach, am Samstag früh pünktlich um 10:30 Uhr da zu sein, wenn das erste Schiff ablegte.

Kapitel 12: Samstag. Steckerlfisch, „Irmengard“ und Blasmusik

Der Steckerlfischabend war sehr schön gewesen.

Die Steckerlfische hatten allen Dreien hervorragend geschmeckt, nur dem Pepi war seine Renke eine Idee zu klein gewesen. Er hatte noch zwei Fischsemmeln hinterhergeschickt und anschließend kräftig mit Weißbier nachgespült.

„Ryba muss schwimmän!“

Diese Regel galt anscheinend auch bei den Tschechen. Bei der Erwähnung des Wortes Ryba hatte Max an seinen verschwundenen Tischgenossen denken müssen. Irgendetwas war nicht koscher an der plötzlichen Abreise des Deutsch-Tschechen. Da würde er noch einmal nachhaken müssen, Kruminale!

Aber Max Esterl war auch schon bei der zweiten Halbe Bier gewesen und hatte die Sache als nicht mehr so eilig betrachtet. Entschleunigung war das Wochenendmotto. Sich zurücklehnen und genießen.

„Prost, Maxe!“

„Na Zdraví, Irmi und Pepi!“

Max war zur Schank gegangen, um drei weitere Flaschen Bier zu holen. Pepi, der sonst fast nur Pilsener Bier trank, hatte Geschmack am Weißbier gefunden.

Der Abend beim Steckerlfisch war erst zu Ende gegangen, als die Irmi in der Nachtluft so fröstelte, dass sie es nicht mehr im Freien aushielt. Dann waren die drei Freunde auseinandergegangen. Irmi und Pepi ins Ferienhäusl und Max zurück in die schon stockfinster daliegende Klinik.

Jetzt, am Samstagmorgen, standen Irmi, Pepi und Max vor dem Anlegesteg und warteten auf Irmi II und die Abfahrt des Chiemseedampfers, der noch an den Leinen lag.

Die Seeluft, fand Max, würde ihnen gut tun. Der gestrige Abend hatte erst ein Ende gefunden, als der Braxei mit seinen Übernachtungsgästen eine letzte Absackerhalbe getrunken hatte.

Das Wetter war herrlich, die Berge hatten sich richtig frisch herausgeputzt. Max hoffte, dass die kleine Brise, die über seine Platte strich, sich nicht auswachsen würde. Eine Schiffschaukelpartie konnte er heute Morgen nicht brauchen. Seinem Freund Pepi sah man an, dass es ihm genau so ging.

Nur Irmi war bester Verfassung. Man merkte, wie sehr sie sich auf den Ausflug freute.

Jetzt kam auch Irmi II und sie konnten auf´s Schiff, das lustigerweise den Namen „Irmingard" trug.

Drei Irmis: Das Irmi-Schiff, sowie Irmi I und Irmi II! So ein Zufall! Kruminale!

Die zwei Irmis schienen sich gut zu verstehen. Sie hatten an Deck der Irmingard nebeneinander Platz genommen und ratschten und lachten, dass es eine Freude war.

Wie würde Irmi II wohl reagieren, wenn sie den Beruf ihrer Namenskollegin erführe. Ob die Irmi I wohl ausweichen oder sogar schwindeln würde, wenn die Frage danach aufkäme?

Unbewusst schüttelte Max seinen Kopf. Heute war nicht der Tag für solche Fragen. Heute wurden der See erobert, eine Insel gekapert und ein Grab besucht.

Die Fahrt über den See vertrug Max Esterl besser als gedacht. Die angenehm frische Seeluft machte seinen Kopf frei, der Blick auf die noch von vielen Schneefeldern bedeckten Chiemgauer Berge vom Hochfelln über den Hochgern hinüber zur Hochplatte und zur Kampenwand tat seiner Seele gut. Oder kam zuerst der Hochfelln und dann der

Hochgern? Max ärgerte sich. Kruminale! Früher hatte er die Reihenfolge im Schlaf aufsagen können! Der Ärger jedoch verflog schnell und wich einer fast romantischen Seelenlage: Das war schon eine verdammt schöne Gegend.

Nicht vergleichbar mit dem Böhmerwald, dessen Bildersprache eine ganz andere war, aber eben genauso schön.

Das empfanden auch Irmi I und Pepi Holub. Irmi hatte ein Tuch um ihren Kopf gebunden, das ihrem nicht klassisch ebenmäßigen, aber von innen heraus strahlenden Gesicht einen Rahmen gab. Irmi II zeigte ihrer neuen Freundin wie eine Fremdenführerin alle Sehenswürdigkeiten und deutete mit ihrem Finger einmal hier- und einmal dorthin. Weil die beiden Irmis auf der den Bergen zugewandten Schiffsseite saßen, konnte Max die Irmi I ungeniert anschauen, während er so tat, als würde er die Kampenwand betrachten. Die Irmi blühte auf, wie ein junges Mädchen, ihr sonst immer blasses Gesicht hatte eine gesunde Farbe angenommen, ihre Augen blitzten und ihr Mund lächelte oder lachte fast ständig.

Auch ihrem Galan, dem Pepi, schien die Schifferlfahrt zu gefallen. Seine Miene, die vor der Abfahrt noch eher mürrisch schien, hatte sich aufgeheitert. Vielleicht auch deshalb, vermutete Max, weil ihr Ziel, die Fraueninsel, sich immer deutlicher aus dem Seehintergrund herausschälte und der ihm versprochene Biergartenbesuch mit der näherkommenden Insel immer realistischere Züge annahm.

Vor dem Biergarten aber kam die selige Irmingard. Irmi II führte die Besucher durch den jetzt im Spätfrühling blütenübersäten Klostergarten. Immer wieder mussten die Vier stehen bleiben und hier etwas betrachten und dort etwas bewundern. Man sah Irmi I an, dass sie schon lange nicht mehr weggekommen war aus ihrem Betrieb und dass sie es genoss: Den Garten, die Natur, den See, die Berge. Alles war perfekt.

Sie querten den Inselfriedhof, und kamen an den Eingang zur Inselkirche, an deren schwerem eisenbeschlagenen Portal die Besucher stehen blieben, während Irmi II zur Kunsthistorikerin wurde. Max nahm sich vor, diese Kirche, deren romanischer Eingangsbereich allein schon beeindruckend war, an einem der nächsten Wochenenden noch einmal in aller Ruhe zu besichtigen.

Das zum Glück menschenleere Kircheninnere war, wie Irmi II erklärte, ursprünglich auch romanisch gewesen. Die Barockzeit hatte aber, wie so häufig in Bayern, vieles verändert und der Basilika ein neues Gesicht gegeben.

Irmi II ließ ihren Gästen nicht viel Zeit zum Schauen. Sie führte sie zielsicher zu einem uralten Grabmal, das von eisernen Ornamenten umrankt war.

„Da liegt sie, die Selige Irmingard. Unsere Namenspatronin. Sie war eine Tochter von Ludwig dem Deutschen und eine Urenkelin von Kaiser Karl dem Großen. Und die Äbtissin des Benediktinerinnenklosters hier auf Frauenwörth."

Irmi II, Pepi und Max betrachteten das Grabmal mit touristischem Interesse, Irmi I hatte dagegen eine etwas andere Beziehung zur seligen Irmengard. Während sie vor dem Grab niederkniete, forderte sie ihre Begleiter auf, sie allein zu lassen:

„Geht´s ins Wirtshaus und kauft´s euch a Halbe Bier. Lasst mich allein hier, ich möchte beten. Ich finde euch dann schon."

Als sie der Aufforderung folgten und sich nach draußen wandten, sah Max Esterl aus den Augenwinkeln, wie Irmi I etwas in Papier Eingepacktes aus ihrer Tasche nestelte, es von der Verpackung befreite und auf das Grab legte. Max verlangsamte seine Schritte und sah genau hin.

Es war ein rotes Glasherz. Das Rote Herz. Kruminale! So hieß nicht nur eine der bekanntesten Erzählungen des Böhmerwalddichters Karl Klostermann, sondern auch das Bordell, das Irmi I in Železná Ruda leitete.

Das Rote Herz! In der Erzählung Klostermanns hatte eine Frau ein rotes Herz zum Zeichen der Reue in einer Kirche niedergelegt.

Bereute Irmi etwas an ihrem Leben? Max war nicht sicher. Noch nie hatte er eine Frau wie Irmi kennengelernt, bei der die Extreme so nah beieinander waren. Dass sie anders war, als die meisten ihrer Zunft, das hatte der Ex-Kommissar schon öfter erlebt. Er schüttelte den Kopf: Kruminale! Jetzt war sie auch noch fromm!

Beim Hinausgehen blieb Max Esterl in Gedanken bei seiner Freundin Irmi I. Was waren ihre Motive? Reute sie ihr Leben? Wollte sie einen Strich darunter machen? Der Pepi würde sie heiraten, wenn sie das wollte, da war Max sich sicher.

Die Irmi II und der Pepi erwarteten ihren Freund schon vor dem Kirchenportal und gemeinsam machten sie sich auf den Weg zum nahegelegenen Biergarten des Klosterwirts, wo sie um diese Zeit noch locker einen Tisch fanden.

Der Kellner hatte kaum ihr Bier serviert, als Irmi I nachkam. Max hatte das Gefühl, dass sie geweint hatte. Nachdem sie Platz genommen hatte, setzte Irmi allerdings ihr Gute-Laune-Gesicht auf und piesackte ihren Pepi, der unbedingt Weißwürste bestellen musste. Er hatte in einer Fernsehsendung gesehen, dass die Bayern in ihren Biergärten ständig Weißwürste essen mit süßem statt scharfem Hořčice. „Senf“, verbesserte Irmi I, worauf Pepi den Kopf schüttelte.

„Hořčice odr Sänf, egal, abr sieß odr scharf is nicht egal. Sänf muss scharf sein!“ Pepi blies eine symbolische Krensenfwolke aus seinem gespitzten Mund. „Sänf ist Däsinfäktion. Sichr auch gut gägän Corona!“

Die Diskussion wurde vom Kellner unterbrochen, der eine große, dampfende Schüssel voller Weißwürste und dazu für jeden Gast zwei Brezen brachte. Der Senf, den er in einem Schüsserl servierte, war natürlich: „Sieß!“

Pepis Appetit tat dies allerdings keinen Abbruch.

Nach dem Mittagessen wollten die Vier noch einen Inselspaziergang machen. Die Fraueninsel zu umrunden, so wusste Irmi II, dauerte keine halbe Stunde. Irmi I machte einen Vorschlag: „Wir zwei Frauen gehen rechts rum, und ihr Männer geht links rum.“ Sie zwinkerte ihren beiden Freunden zu und hakte bei Irmi II unter. Max ahnte, warum die Eisensteiner Irmi mit ihrer neuen Freundin alleine sein wollte, und was sie der Bernauer Irmi während ihres Spaziergangs sagen wollte. Er war gespannt, wie die Musiklehrerin reagieren würde.

Schon als sie sich an der Nordspitze der Insel trafen, wusste Max Esterl, dass die neue Freundin keine Probleme mit dem Beruf ihrer Namenskollegin hatte. Die zwei gingen nach wie vor untergehakt und sie ratschten und lachten, wie zwei alte Freundinnen. So hatte Max Esterl die Musiklehrerin auch eingeschätzt: Nicht auf das, „was“ ein Mensch machte oder war, kam es an, sondern auf das, „wie“ ein Mensch war.

Und da bestand bei Irmi I kein Zweifel. Sie hatte das Herz auf dem rechten Fleck. Das hatte offensichtlich auch Irmi II erkannt.

Bevor die Vier sich verabschiedeten, bedankten sich Irmi I und Pepi bei der Bernauer Irmi für den wunderschönen Tag, der ihnen offenbar sehr gut getan hatte.

Die Irmi war zuerst etwas verlegen, dann aber nahm sie einen Anlauf:

„Wenn Ihr möchtet, könnten wir den schönen Tag noch verlängern, oder habt Ihr schon was vor?"

„Zum Braxei wären wir halt wieder gegangen, aber da waren wir ja eh erst gestern."

„Ich hätte da noch ein ganz besonderes Schmankerl für Euch.

„Schmankal, wos is Schmankal?

„Eine Delikatesse, Pepi. Eine musikalische Delikatesse. Blasmusik."

Als Pepi Holub dieses Wort hörte, verdrehte es ihm die Augen. Blasmusik, besonders deren böhmische Variante, war in seinen Ohren die schönste Musik der Welt. Alle die böhmischen Komponisten, und davon gab es ja nicht wenige, liebte der Pepi: Den Smetana, den Dvořák, natürlich den Ryba, den Janaček, den Mahler.

Aber die Blasmusik wohnte einfach noch ein Stück weiter oben im musikalischen Olymp. Borovička, Kubeš und Vacek, hatte er seinem Freund Max Esterl einmal erklärt, so hieß das von ihm vergötterte Dreigestirn der böhmischen Blasmusik.

„Die Bernauer Blaskapelle gibt heute Abend im Kurpark ihr erstes Kurkonzert in diesem Jahr. Eine sehr gute Blaskapelle, die Bernauer!"

Irmi II wandte sich an Pepi: „Bin gespannt, was der Experte aus dem Weltepizentrum der Blasmusik dazu sagt.

Und anschließend könnte man den Tag im Biergarten beim Alten Wirt ausklingen lassen. Schweinderl gibt es heute. Vom Holzkohlengrill. Und Bier vom Fass."

„Schweinderl“ waren dem Pepi ein Begriff. Die Kombination ihrer Haxen mit der Blasmusik und einem kühlen Bier war für Pepi Holub unwiderstehlicher als der Käse für die Maus, das Blut für den Vampir oder ein schneller Gewinn für den Spekulanten.

So vereinbarten die Freunde, sich um halb sieben zu treffen. Am Bernauer Kurpark, direkt neben dem Rathaus.

Als Irmi I, Pepi und Max um fünf vor halb sieben eintrafen, wartete Irmi II schon auf ihre Freunde. Sie hatte vier Plätze auf einer Sitzbank direkt vor dem Musikpavillon reserviert und sogar Decken mitgebracht, falls es zu kühl werden sollte. Es war ja noch nicht einmal richtig Mai.

Die Kapelle mit ihren schmucken Trachten beeindruckte besonders den Pepi Holub, der sich an das große Volksmusikspektakel „drumherum“ in Regen erinnert fühlte. Dort hatten er und Max Esterl vor Jahren einen großangelegten Instrumentendiebstahl aufklären können.

So eine Lederhose, meinte Pepi, zu Max hin gewandt, hätte er gerne. Da kämen seine überaus kräftigen Wadln richtig gut zur Geltung und man könne sich auch prima die vom Schweinsbraten fettigen Hände daran abwischen. Max registrierte diesen Wunsch und nahm sich vor, dem Freund zu seiner bald bevorstehenden Pensionierung eine zünftige Lederhose zu schenken und ihn spaßeshalber zum „Bayerwaldbullen“ zu ernennen.

Max wurde aber aus seinen Gedanken gerissen.

Eine fesche Ansagerin aus den Reihen der Kapelle begrüßte die etwa fünfzig Gäste und dann trat der Dirigent an sein Pult, auch er in Lederhosen und mit Trachtenhut.

Er beherrschte sein Metier hervorragend und die Kapelle zeigte mit einer klassischen Ouvertüre, dass sie nicht irgendeine Dorfblasn war, sondern wunderbare Blasmusik spielte.

Pepi war auf jeden Fall begeistert und ging sofort temperamentvoll mit. Man sah ihm an, dass er am liebsten selbst aufs Podium gestiegen wäre.

„Hab selbr gäspielt in Westböhmische Polizeiorchestär als jungär Polizist. Paukä! Wars gutä Zeit!“, raunte der Pepi seinem Nachbarn Max zu, nachdem der Beifall für das erste Stück verklungen war.

Die vier Freunde unterhielten sich auf alle Fälle bestens. Pepi war sogar so gut drauf, dass er mit seiner rechten Hand insgeheim mitdirigierte und zusätzlich mit seinen Füßen den Takt schlug.

Nach etwa einer halben Stunde und etlichen schönen Musikstücken kündigte die Ansagerin den „Böhmischen Traum“ an, eine Polka „extra für einen Gast aus Tschechien“.

Das mit dem tschechischen Gast musste die Irmi II der Ansagerin gesteckt haben. Der Pepi auf alle Fälle erhob sich so halb von seinem Platz und machte Verbeugungen in alle Richtungen. Er war halt ein Kavalier alter Schule.

Was da für ein Stück angesagt war, hatte er gar nicht so richtig mitbekommen, sonst wäre er wohl jetzt schon fast ausgeflippt.

Der Böhmische Traum war nämlich seit dem „drumherum“ Pepis Lieblingsblasmusikschlager. Und weil der Böhmische Traum ausgerechnet in Böhmen nie gespielt wurde, war Pepis Erinnerung daran in den Jahren seitdem fast ausgelöscht.

Doch kaum hatte die Kapelle mit den ersten Takten begonnen, da zeigte sich schon ein Leuchten in den Augen des Polizeioffiziers, sein Mund verzog sich bis hin zu den Ohren zu einem XXL-Lächeln, seine Hände schlugen den Takt und sein Oberkörper wiegte hin und her. So hatte die Musik den

Pepi gepackt, dass er sogar seine Nachbarn ansteckte mit seiner Begeisterung.

Als dann das ganze Blech der Bernauer Kapelle sich von den Stühlen erhob und der zweite, der richtig böhmisch-transcherte Teil der Polka anfing, war es gänzlich um den Tschechen geschehen.

Er packte seine Irmi vom Roten Herz, schwang sie herum und tanzte auf dem Platz zwischen Musikpavillon und Publikum eine Polka, dass die Kieselsteine, die den Boden bedeckten, nur so davonspritzten.

Während des Tanzes forderte er den Max mehrmals durch Gesten auf, ihm zu folgen und mit der anderen Irmi zu tanzen.

Weil aber der eher bedächtige Niederbayer Max Esterl nicht das Temperament und die Extrovertiertheit seines Freundes hatte, deutete er immer wieder entschuldigend auf seine Schulter, die jetzt als Ausrede herhalten musste. Heute früh hatte er noch gesagt, er könne schon wieder Bäume ausreißen.

Als der letzte Paukenschlag erklungen war, führte der Pepi seine Irmi wieder zu ihrem Platz und verbeugte sich höflich vor ihr. Max erkannte, dass er Tränen in seinen Augen hatte. Tränen der Freude? Der Rührung?

Max hoffte so sehr, dass aus den beiden doch noch ein richtiges Paar werden könne:

Wenn der Polizeioberst Pepi Holub erst pensioniert war, stand seiner Verbindung mit der vielleicht dann schon ehemaligen Bordellbetreiberin nichts mehr im Wege.

„So schän, so schän!“, kommentierte Pepi, während er sich mit seinem Taschentuch die Tränen aus den Augenwinkeln wischte.

Als das Konzert zu Ende war, dirigierte die Irmi II ihre Freunde die Straße hoch zum „Alten Wirt“, einem Gasthaus ganz nach dem Geschmack vom Max: Biergarten und eigene Metzgerei inbegriffen und gleich dahinter der spitze Turm der Bernauer Kirche.

Hätte Irmi nicht auch hier reservieren lassen, so hätten sie keinen Platz auf der Gartenterrasse mehr bekommen:

Alles war voll und alle Gäste schauten erwartungsvoll auf das knusprige Schweinderl, das sich am Spieß über einem Holzkohlenfeuer gedreht hatte und das ein Mann mit weißem Metzgerschurz gerade fachgerecht zu zerlegen begann.

Irmi eilte, kaum dass sie bei der Kellnerin bestellt hatten, über die Straße, um von der anderen Straßenseite ein schönes Erinnerungsfoto von ihren Freunden, der Sau und dem hinter dem Wirtshaus spitz emporragenden Bernauer Kirchturm zu schießen.

Dann überließen sich die vier Freunde ganz der Biergartenatmosphäre. Für die Irmi II als Einheimische hatte das nichts so Besonderes, der Max aber liebte die Biergärten noch von seiner Münchner Zeit her, denn im nachtkalten Bayerischen und im noch eisigeren Böhmerwald hatten die Biergärten keine so besondere Tradition. Wenn um neun Uhr der saukalte Fallwind von den Bergen kam, war es aus mit dem Feiern im Freien.

Der Irmi schien der Biergarten wie ein nostalgischer Gruß aus ihrer Jugend, die sie in der Straubinger Gegend verbracht hatte.

Pepi Holub genoss die Atmosphäre in vollen Zügen. Er war begeistert von den vielen Menschen in Tracht, die hier an einem ganz normalen Tag saßen, er war begeistert vom Bier und davon, dass die Kellnerin sehr zügig für Nachschub sorgte. Pepi war überrascht davon, dass es auch in Bayern Menschen gab, die der Böhmen liebste Beschäftigung, das

Schweinderlgrillen beherrschten, und so orderte er eine ordentliche Portion Schweinernes mit zwei Knödeln und Kraut, die er mit größtem Genuss verzehrte und er vergaß nicht, der Kellnerin jedes Mal, wenn sie servierte, ungeniert in den großzügigen Ausschnitt ihres Dirndls zu schauen, er versäumte aber auch nicht, seiner Irmi danach jedes Mal ein dickes Bussl auf ihre Wange zu drücken.

So ließen Irmi I und II, Pepi und Max diesen Tag ausklingen.

Keiner erwähnte die sonderbaren Vorgänge in der Klinik.

Als es Zeit war zu gehen, verabschiedete sich Irmi II von ihrer neuen Freundin. Am Sonntag musste sie die Kirchenorgel schlagen, da blieb keine Zeit für einen vormittäglichen Ausflug in die Berge, wie ihn die anderen vorhatten.

Anscheinend hatten die beiden Frauen schon Pläne gemacht, denn Irmi I umarmte Irmi II mit den Worten:

„Also, wie versprochen: Du besuchst mich in Železná Ruda! Und keine Angst, Irmi, bei mir ist Privates und Berufliches streng getrennt. Mein Geschäft ist das Eine, mein Privatleben ist etwas ganz Anderes. Das Häuschen, in dem ich wohne, ist gut bürgerlich! Mit gestickter Tischdecke und ohne rotem Herz."

Mit einem Augenzwinkern setzte sie hinzu: „Und der Polizeioberst Josef Holub kommt dann und trinkt mit uns Kaffee aus den Blümchentassen. Gell, Pepi?"

Kapitel 13: Sonntag. Kampenwand und ein Verdacht

Am letzten Tag ihres Besuchs stand für Irmi und Pepi die Kampenwand auf dem Programm, der Berg, den sie vom See aus gestern schon so ausgiebig bewundert und häufig fotografiert hatten: Chiemsee mit Kampenwand im Hintergrund, Frauenkloster mit Kampenwand im Hintergrund, Irmi I mit Klosterkirche Frauenwörth und Kampenwand im Hintergrund, Fahrgastschiff Irmengard mit Irmi I und Irmi II sowie Pepi und Kampenwand im Hintergrund.

Heute stand die Kampenwand im Vordergrund.

Mit einer etwas nostalgisch anmutenden Gondel ging es von Aschau aus steil hinauf zum Gipfel. Während der kaum zehnminütigen Fahrt wurde Pepi immer stiller und blasser. Seine Augen hatte er geschlossen, seine Hände krampften sich in die Sitzbezüge, bis die Knochen weiß hervortraten.

Auf Max Esterls fragenden Blick antwortete Irmi: „Der Pepi hat Höhenangst. Die kriegt er sogar schon, wenn er mit dem Sessellift zum Špičák fährt."

Sie legte ihre Hand wie eine Mutter auf die des jämmerlich dasitzenden Polizeiobersten und tröstete ihn wie ein Kind:

„Gleich sind wir da, Pepíček, halt durch!"

Kruminale! Der Oberst Holub, den Max Esterl mehrmals furchtlos im Kugelhagel erlebt hatte, bekam Schiss in der Seilbahn. Das war gut. Max lächelte in sich hinein. Jetzt kannte er schon zwei menschliche Schwachstellen bei seinem Freund, nein, drei, rechnete Max sich vor: Mit den Frauen und dem Pivo hatte Max ab heute auch noch große Höhen auf der Holubschen „Defizitliste" registriert. Pepi selber allerdings würde wohl nur die Höhenangst als sein Defizit sehen. Bier und Frauen waren für ihn Geschenke des

Himmels. Beiden brachte er höchsten Respekt und große Verehrung entgegen.

Der Ausflug in die Berge war, trotz der für Pepi schlimmen Fahrt mit der Bergbahn, sehr schön geworden. Pepi hatte, kaum dass die Gondel die Bergstation erreichte, wieder Farbe angenommen, sie waren zu einer der Almen gewandert und hatten die Almbrotzeit und den Ausblick auf den See genossen, der sich wie im Bilderbuch unter ihnen breitete.

Hier, in der milden Frühsommersonne hätten sie es lange aushalten können. Die Irmi legte ihre Hände auf die der sie begleitenden Männer und seufzte:

„Mit euch zwei möchte ich ewig da sitzen und schauen. Sooo schön! Schade, dass wir schon wieder heimmüssen."

Eine Tasse Kaffee und ein Topfenstrudel beendeten ihren Almaufenthalt. Je näher sie der Gondelbahn kamen, desto blasser wurde Pepis Nase.

Er überstand jedoch auch die Talfahrt und die drei machten sich auf den Weg nach Bernau zur Reha-Klinik, wo sich Irmi und Pepi von ihrem Freund verabschieden wollten. Eine weitere Tasse Kaffee im Restaurant der Klinik wollten sie sich noch genehmigen, bevor sie abfuhren: Gegen die Nachmittagsmüdigkeit.

Irmi musste auch noch auf´s Klo. Da sie, wie viele Frauen, ungern auf öffentliche Toiletten ging, bot ihr Max an, auf sein Zimmer zu gehen und gab ihr den Schlüssel. Während Pepi und er unten auf Irmi warteten und Kaffee tranken, blätterte der Tscheche gedankenversunken in einer der herumliegenden Hochglanzwerbebroschüren der Kurklinik.

Plötzlich aber stutzte der Polizeioberst. Er blätterte nochmals eine Seite zurück, hielt die Broschüre weit von sich, holte seine Brille aus der Brusttasche seines Jacketts, setzte sie auf und betrachtete die Seite ein zweites Mal ganz genau, putzte die Brille und schaute abermals hin.

„Was gibt es da zu sehen in dem Prospekt? Gefällt dir die Klinik?", fragte Max Esterl, der seinen Freund die ganze Zeit beobachtet hatte. „Ihr habt doch bei euch in Böhmen auch ganz ordentliche Kurorte: Karlsbad, Marienbad, Franzensbad. Willst du deinen Bauch ausgerechnet in Bayern bekämpfen? Mit Schweinsbraten und Knödeln?

Oder sind Fotos von schönen Frauen da drinnen im Prospekt?"

„Ein schänr Mann is ins Prospäkt. Kenn ich von irgendwo! Doktor Černý. Kennst du, Maxe, den Černý?"

„Ja, klar, der hat mich untersucht, als ich in die Klinik gekommen bin. Ist ein Landsmann von dir, Pepi."

Max merkte, wie das Foto des Doktors den Pepi beschäftigte. Immer wieder sah er es sich an, immer wieder schüttelte er seinen Kopf, bis er schließlich das Werbeheftchen zusammenrollte und in die Innentasche seiner Jacke steckte.

„Kenn ich, den Černý, aber weiß nicht mehr wie und wo! Vielleicht kommt Erinnärung daheim ins Plzen." Er tippte sich mit dem Zeigefinger gegen seinen Kopf. „Wird Zeit, dass gäh in Penzion. Gähirn funktioniert nix mähr gutt. Bin schon Idiot drittär Klassä."

Pepi sah Irmi aus der Aufzugstür kommen.

„Nur bei Irmi", raunte er seinem Freund Max zu, „bei Irmi, da bin ichs noch ärstr Klassä."

„Respekt, Pepi! Wie oft?"

„Zwei Mal, Maxe."

„Pro Monat?"

Pepi schaute beleidigt.

„Pro Wochä, Maxe, und du?"

Bevor die beiden sich noch weiter über ihre sexuellen Aktivitäten austauschen konnten, stand Irmi bei ihnen am Tisch und bedankte sich bei Max für seine Gastfreundschaft.

„Das war ein wunderbares Wochenende, Max. Sag der Irmi morgen nochmals vielen, vielen Dank dafür, dass sie den Samstag für uns geopfert hat. Und sag ihr, dass sie unbedingt nach Železná Ruda kommen muss."

Irmi sah Max direkt in die Augen.

„Und richte ihr aus, Max, wenn sie da Bedenken hat: Mit mir muss sie sich nicht genieren!"

Max Esterl musste noch lange, nachdem sein Besuch Richtung Böhmerwald gefahren war, an das denken, was die Irmi, und vor allem an das, was der Pepi gesagt hatte. Warum kam der Doktor Černý dem Pepi bekannt vor? Max war sich sicher, dass sein tschechischer Freund bald bei ihm anrufen und ihm das Ergebnis seiner Recherche mitteilen würde.

Er war gespannt darauf.

Kapitel 14: Montag. Der Neffe aus Prag

In die zweite Woche startete Max Esterl mit viel Übungsfleiß. Schon die ersten Tage hatten Erfolge gebracht. Die Schmerzen waren erträglicher geworden und die Beweglichkeit seiner Schulter hatte sich gesteigert. Auch die Kraft kehrte langsam wieder in seinen Arm zurück. Max war zufrieden und absolvierte seinen Stundenplan mit großem Eifer.

Die sächsische Gitti hatte wahrscheinlich ein schönes Wochenende hinter sich. Sie war gut drauf, schaute nicht so genau hin und verzieh dem Max alle kleinen Nachlässigkeiten, die sie in der Vorwoche hart kritisiert hatte.

Die „Ergo" bei der Michaela, den zweiten Wortteil „-therapie" verwendete unter den Patienten keiner, war wie immer eine Freude für Max. Die Michaela war stets gut drauf, verstand ihr Metier und entließ den Ex-Kommissar mit einem „Servus und guten Appetit" zum Mittagessen.

Vorher checkte Max schnell seine E-Mails: Keine Nachricht von Pepi.

Am Mittagstisch saß bis jetzt nur die Irmi II. Der Doktor Wimmer war noch nicht aufgetaucht.

Die Irmi II, die Max Esterl ab jetzt in Gedanken wieder zur Irmi ohne Ordnungszahl reduzierte, schwärmte beim Mittagessen, es gab heute feinen Rinderbraten mit Burgundersoße, Reis und Salat vom Buffet, von den beiden Besuchern.

„Und der Pepi, der ist tatsächlich Polizeioberst von Beruf?

Und wie der die Irmi anhimmelt! Das muss schon die große Liebe sein." Vom Anhimmeln hatte Max nichts bemerkt. Der Pepi war eben der Pepi. Wie immer. Der himmelte alle Frauen an. Und außerdem hatte Max keine Antennen für so was. Die Eva hatte immer schon längst gewusst, wenn etwas zwischen zwei Bekannten von ihnen lief, während Max stets so naiv gewesen war, dass er nichts davon bemerkt hatte.

„Ah geh! De zwoa? I glaubs net“, mehr hatte Max nicht beizutragen, wenn Eva schon nach wenigen Minuten ihre Prognosen abgab.

„Ja, ich glaube schon“, erwiderte der Max, „dass die zwei gut zueinander passen, die Irmi und der Pepi. Vielleicht geht der Pepi ja tatsächlich nach seiner Pensionierung in den Böhmerwald.“

„Aber dann miassat´s ihra Gschäft aufgeb´n, de Irmi, oder?“

Nachdem Max keine Antwort fand und nur mit den Achseln zuckte, fuhr Irmi II mit ihren Gedanken über die Zukunft von Irmi I fort:

„Ewig lang kann sie`s ja eh net macha, sie wird ja aa älter, da hört doch auch die…, die…Nachfrage langsam auf. De Kundn, de wolln doch was Junges, Knuspriges.“

Kruminale! Max war erstaunt, wie realistisch die Musiklehrerin die Situation einschätzte.

Da genau in dem Moment der Doktor Wimmer in seinem Rollstuhl ankam, bemühte sich der Max, keine konkreten Aussagen über Irmis Beruf zu machen.

„Bis jetzt geht s Gschäft scho no. Ganz guat sogar, hat mir der Pepi erzählt. Zu mir hat sie einmal gsagt, des was sie braucht für den Ruhestand, des hat sie auf der Seitn. Kannst as ja selber fragen, wennst as bsuachst.“

Damit waren die Unterhaltung und kurze Zeit später auch das Mittagessen beendet und die Patienten widmeten sich wieder ihrer Hauptaufgabe: Gesund zu werden.

Beim Abendessen überraschte die Irmi ihre zwei Tischgenossen (den Platz des Ryba hatte immer noch keiner zugeteilt bekommen) mit einer Top-Nachricht, die sie soeben von ihrer Vertrauten und guten Bekannten, der Masseurin Elfi, auch einer Bernauerin, erfahren hatte. Ihre Freundin Elfi, so erzählte die Irmi, war die Nachrichtenzentrale der Klinik. Sie wusste alles und ließ die Irmi gern teilhaben an ihrem Wissen.

Der Ryba, so berichtete Irmi, war zwar alleinstehend, es war aber doch ein Verwandter da, ein Neffe aus Prag, mit dem er hin und da Kontakt hatte. Dieser Neffe hatte, nachdem sein Onkel auf keinen seiner Anrufe reagiert hatte, zuerst in der Kurklinik angerufen. Nachdem man ihn dort über Rybas vorzeitigen Abbruch der Kur informiert hatte, war der besorgte Neffe kurzerhand nach München gefahren und hatte dort in Rybas Wohnung nachgeschaut, aber außer einem vollen Postkastl nichts vorgefunden.

Schließlich war dem tschechischen Neffen die Geschichte so spanisch vorgekommen, dass er sich an die Polizei gewandt hatte.

„Heut Nachmittag warn´s da“, flüsterte die Irmi ihren Tischnachbarn im Verschwörerton zu. „Zwoa Stund! Alle hams befragt, de mit dem Ryba zu tun ghabt hammand.“

„Aber uns net!“, warf der Dr. Wimmer ein. „Uns haben sie nicht gefragt. Wo wir doch wahrscheinlich den besten Kontakt mit ihm hatten.“

Der Wimmer und Kontakt!

Irmi und Max schauten sich an und drehten beide ihre Augen nach oben, bevor sie sich vom Tisch begaben und ihre Wege gingen:

Irmi in ihre Privatwohnung und Max auf sein Zimmer.

Eigentlich hatte Max heute Abend vorgehabt, ein wenig zu lesen.

Er zog den Lesesessel so vor das offene Mansardenfenster, dass er sowohl genügend Licht als auch einen schönen Seeblick hatte, und schlug den vor kurzem erst neu aufgelegten Erzählband „Ferien im Böhmerwald“ seines Lieblingsschriftstellers Karl Klostermann auf.

Doch Max hatte kaum ein paar Seiten gelesen, als seine Gedanken schon abschweiften: Wenn die Polizei so eine umfangreiche Befragung durchführte, dann tappte sie einerseits im Dunkeln, andererseits musste irgendein Verdacht da sein.

Sollte er zur Polizei gehen und erzählen, was der Ryba am Abend vor seinem Verschwinden gesagt hatte? War das nicht sogar seine Pflicht? Kruminale!

Aber wenn er Meldung machte und sich einmischte, kam sich der Ex-Kommissar irgendwie blöd und wie ein Gscheidhaferl vor. „Schon wieder“, hätte Eva wohl gesagt. „Misch dich nicht schon wieder ein, Max!“

Eva hatte recht.

„Ausgerechnet er, der Ex-Polizist mischt sich da ein, der Gschaftler!“, hörte Max seine Polizeikollegen schon sagen.

Also würde er es bleiben lassen. Die Kollegen wussten selber was zu tun war.

Nach dieser Entscheidung blickte Max Esterl lange auf den langsam in der Dunkelheit versinkenden See hinaus.

Irgendetwas aber stimmte nicht mit dem Verschwinden des Ryba. Das sagte ihm sein Gefühl. Und das hatte Max Esterl in seiner jahrzehntelangen Polizeiarbeit kaum jemals im Stich gelassen.

Max seufzte, schaltete die Leselampe am Schreibtisch ein und las dort weiter.

Kapitel 15: Dienstag. Hubschrauber über dem See

„Heut Vormittag bin i wieder bei der Elfi zur Massage“, raunte die Irmi dem Max schon am Frühstücksbuffet augenzwinkernd zu. „Die weiß sicher was Neues!“

Max war schon gespannt, was die Irmi beim Mittagessen erzählen würde. Irgendwie musste die Polizei ja dahinterkommen, wie der Ryba die Klinik verlassen hatte.

Weil er kein Auto hatte, musste der Ryba ein anderes Verkehrsmittel genommen haben, vielleicht ein Taxi. Das würde sich nachkontrollieren lassen. Auch wenn er den Mini-Bus benutzt hatte, der die Klinik mehrmals täglich anfuhr, musste man das rauskriegen. Zu Fuß, mit einem oder zwei Koffern war es zu weit zum Bernauer Bahnhof, das hielt Max für kaum möglich.

Auch Max hatte Massage und Physiotherapie auf seinem Stundenplan. Aber beim Strohmeier, nicht bei der Elfi.

Wieder langte der Physiotherapeut kräftig hin. Als er mit dem Daumen irgendeine Faszie an seinem gezerrten Bein entlangstrich, bekam Max einen Krampf im Unterschenkel. Der Therapeut reagierte zum Glück sofort, als Max „an Krampf han i! Kruminale!“ zwischen den Zähnen hervorstieß und drückte energisch den Vorderfuß vom Max in Richtung Knie.

„Wird scho besser“, presste Max hervor und jammerte noch ein wenig vor sich hin.

Aus der Nachbarkabine hörte man eine weibliche Stimme:

„Ja, die Männer! Ihr seid´s vielleicht wehleidig. A bissl mehr Tapferkeit hätt ich mir von dir schon erwartet, Max!“

Irmi war es, die in der Nachbarkabine behandelt wurde und, weil Max so laut gewesen war, alles mitgekriegt hatte.

Fortan kam Max Esterl kein Ton mehr über seine Lippen. Er schwieg, als der Strohmeier seine Ohrwaschl so schlimm zerbröselte wie damals der Turnlehrer Drescher in der ersten Klasse des Gymnasiums, dessen „Ohrwaschlrennen" gefürchtet waren. Er schwieg, als der Strohmeier seinen Daumen bis zum Wadenbein in sein gesundes Wadl bohrte und er biss auf die Zähne, als der Therapeut die Zehen seines linken Fußes einzeln in die Länge zog und sie schnackeln ließ, dass es bestimmt bis in die andere Kabine zu hören war.

Als der Therapeut diese Schnackelei auch beim rechten Fuß machte, hörte man nichts mehr. Man hörte überhaupt nichts mehr, weil alles übertönt wurde von den Geräuschen eines Hubschraubers, der offenbar direkt über die Klinik hinwegflog.

„Jetzt suchen sie ihn schon", hörte Max die Stimme der Elfi aus der Nachbarkabine, als die Hubschraubergeräusche sich etwas abgeschwächt hatten.

„Wen?", fragte die Irmi naiv.

„Den Vermissten, den Herrn Ryba suchen sie. Der soll depressiv gewesen sein, hört man. Es sind ja schon öfter welche in den See gegangen, gell Irmi. Weißt du noch, da waren wir ganz junge Madln, de alte Lipplin, de war auch immer so depressiv."

„Und dement und…", hörte Max die Irmi sagen. Der Rest des Satzes ging im Geräusch des erneut sich nähernden Helikopters unter.

Die Lipplin war also in den See gegangen. Vor vielleicht 30 Jahren. Max wollte die zwei Damen schon fragen, ob die Lipplin damals auch ihre Koffer und alles, was sie dabei hatte, mit in den See genommen hatte. Das musste der Polizei doch auffallen, dass sich bisher keines von Rybas Gepäckstücken gefunden hatte. Kam irgendjemand auf den

Gedanken, sein Gepäck mit in den See zu nehmen, wenn er auf seine letzte Reise ging?

Vor lauter Nachdenken hatte Max Esterl gar nicht bemerkt, dass seine Therapiestunde beendet war. Als der Strohmeier ihn mit einem Klaps auf den Rücken verabschiedete, war es für Max, als ob er aufwachen würde.

Körperlich fühlte er sich nach der schmerzvollen aber erfolgreichen Behandlung erfrischt und um Jahre verjüngt. Er schnellte lässig von der Massagebank, bedankte sich beim Therapeuten und wünschte ihm einen schönen Tag.

Was so eine Knetstunde doch ausmachte: Sogar geistig fühlte sich Max Esterl topfit. Sein Kopf war klar und er wusste jetzt, dass er eine Aussage machen musste, egal ob ihn die Polizei für einen Gschaftler halten würde oder nicht.

Das Mittagessen aber lockte den Ex-Kommissar mehr als die Aussicht auf einen Plausch mit Kollegen.

Zwiebelsuppe mit Croutons stand auf dem Speiseplan und dann Tafelspitz mit Krensoße. Die Aussage musste warten. Die machte den Ryba, wenn er denn tot war, auch nicht mehr lebendig.

Auf dem Weg zum Speisesaal machte Max einen kurzen Abstecher ins Freie. Noch immer donnerte der Hubschrauber über den See. Also war die Suche bisher erfolglos geblieben.

Am liebsten wäre Max hinunter zum See gejoggt, so gut fühlte er sich nach der Behandlung. Aber das Essen wartete nicht.

Die Irmi konnte dem Max nichts Neues berichten. Das meiste von dem, was sie von ihrer Freundin erfahren hatte, war ihm ja schon in einer Direktübertragung mitgeteilt worden. Da brauchte es keine Korrespondentenberichte mehr.

Nach dem Hubschrauberintermezzo zog der Alltag wieder in der Klinik ein.

Der Dienstagnachmittag und auch der Mittwochvormittag verliefen so, wie die Tage einer Kur zu verlaufen haben:

Essen, Anwendungen, Spaziergänge, Lesen, Schlafen.

Die Kriminalpolizei tauchte nicht mehr auf.

Der Hubschrauber tauchte nicht mehr auf.

Max Esterl, der ja bestens Bescheid wusste über die Hierarchien bei der Polizei, vermutete, dass die Ermittler schon einen Anpfiff von ihrer Direktion bekommen hatten.

„Wissen Sie überhaupt, was so eine Hubschrauberstunde kostet?", hatte ihr Vorgesetzter vermutlich gefragt. „In den drei Tagen Ihrer Ermittlungen da draußen am See haben Sie siebzig Prozent unseres Monatsetats in die Luft gejagt!

Und dann haben sich auch noch der Bernauer Bürgermeister und etliche Anrainer sowie Klinikgäste über den Lärm beschwert! Ein gewisser Doktor Wimmer, hoffentlich nicht der, den ich vom Gericht in Traunstein her kenne, ein Dr. Wimmer hat uns sogar damit bedroht, uns anzuzeigen!"

Max Esterl kannte solche Druckmittel auch von seinen Vorgesetzten her. Schnelle Erfolge waren gefragt, nicht aber lange Ermittlungen!

Der Ryba hatte Depressionen und war deswegen in den See gegangen. Wie die Lipplin damals. Punktum!

Kapitel 16: Mittwoch. Verhör im Sanitätszimmer

Als Max nach dem Essen an der Rezeption vorbei zum Mittagsschlaf auf sein Zimmer gehen wollte, bat ihn die diensthabende Rezeptionsdame zu sich. Im Vergleich zu der Norddeutschen, die Max Esterl damals empfangen hatte, sprach diese hier eine mehr nach Süden klingende Version des Deutschen:

„Herr Esterl, könnt ich Sie kurz sprechen? Nur ein Momenterl, dauert nicht lange."

Verwundert steuerte der Angesprochene auf die Theke der Rezeption zu.

„Was gibt´s?"

Die Dame senkte diskret ihre Stimme, obwohl niemand anderer in der Nähe war:

„Die Polizei hat sich erkundigt, wer mit dem Herrn Ryba alles zusammen war. Sie wissen schon, der wird gesucht, der Herr Ryba. Und Sie waren doch mit ihm an einem Tisch." Wie um Max zu beruhigen, setzte die Dame hinzu, dass dies eine reine Routinebefragung sei, sie selber sei auch schon verhört worden.

„Sie sollen um sechzehn Uhr dreißig zur Befragung in das Sanitätszimmer im Erdgeschoß kommen, soll ich ihnen ausrichten, Herr Esterl. Ich hab extra geschaut, dass Sie um diese Zeit keine Anwendung haben, erst um sechs das Abendessen. So lang wird´s nicht dauern, hat die Kommissarin gesagt."

„Sanitätszimmer im Erdgeschoß?"

„Ja, dort, wo Ihre Erstuntersuchung war, Herr Esterl. Direkt neben dem Arztzimmer vom Dr. Černý. Um sechzehn Uhr."

Zufrieden lächelnd ging Max auf sein Zimmer. Die Kollegen waren endlich von selber draufgekommen, dass er vielleicht ein wichtiger Zeuge war. Und kein Gschaftler. Den Gedanken, dass jetzt auch Eva nicht mehr vom „Einmischen“ sprechen konnte, verbannte Max Esterl natürlich sofort wieder.

Dreieinhalb Stunden und eine Gymnastikeinheit später empfingen zwei Kolleginnen im Sanitätszimmer den Ex-Kommissar. Da hatte sich seit seiner Pensionierung ja Einiges geändert. Max erinnerte sich noch daran, wie damals die erste Frau in ihr Münchner Kommissariat eingezogen war und mit wieviel Skepsis ihr die meisten dort begegnet waren. Max dagegen hatte sich immer wohl gefühlt, wenn er mit Frauen zusammenarbeitete.

Selbst so ein Macho wie Pepi Holub akzeptierte inzwischen Frauen in seinem Beruf. Besonders, wenn sie „scheen“ waren.

Die Polizistinnen, eine mit Brille und Pferdeschwanz und eine mit steckerlkurzgeschnittenen schwarzen Haaren, baten ihn, Platz zu nehmen und setzten sich ebenfalls. Mit diesen beiden hätte Holub sicher gern zusammengearbeitet.

„Herr Esterl. Wir haben gehört, dass Sie und ein Herr namens…“, die mit der Brille blätterte in ihren Unterlagen, schüttelte ihren Kopf, fand den gesuchten Namen und setzte erneut an. „Ein Herr namens Egon Wimmer am Abend vor dem Verschwinden des Martin Ryba mit ihm zusammen waren. Doktor Egon Wimmer. Stimmt das?“

Während Max bejahte, ging ihm durch den Kopf, dass er zum ersten Mal den Vornamen vom Wimmer zu hören bekam. Seltsam.

„Ist Ihnen an dem besagten Abend etwas aufgefallen am Herrn Ryba?“

„War er anders als sonst?“, setzte die zweite Polizistin hinzu. „Irgendwie deprimiert oder gedrückter Stimmung?“

Aha, dachte Max Esterl, *ihr wollt mich direkt in die Selbstmörderspur lenken.*

„Anders als sonst? Das kann ich nicht sagen. Ich habe ihn ja erst an diesem Tag kennengelernt. Deprimiert ist er mir eigentlich nicht vorgekommen. Bsuffa war er, der Ryba, aber nicht deprimiert.“

Die mit dem Steckerlschnitt fuhr fort: „Also, er war nicht deprimiert, sagen Sie, aber er war besoffen. Stark besoffen?“

„Ja schon ziemlich. Nachdem der Dr. Wimmer gegangen war…“

„Ah, der ist vor Ihnen schon gegangen. Wieviel Uhr war es da ungefähr?“

„Ich hab nicht auf die Uhr g´schaut. Vielleicht so zehne.“

„Zehn Uhr“, registrierte die Polizistin mit der Brille. „Und dann waren nur noch Sie beide dagesessen?“

„Die Bedienung war irgendwo beim Aufräumen. Die hat von Zeit zu Zeit vorbei g´schaut, ob wir noch was brauchen. Aber lang sind wir zwei nicht gesessen. Ich hab ja kaum mehr was verstanden von dem, was der Ryba gesagt hat.“

„Waren Sie auch besoffen, Herr Esterl?“ Die Frage kam direkt und die Stimme der Kurzhaarigen klang streng.

Das ging an die Ehre! Kruminale!

„Naa, i war net besoffen. Drei Halbe Bier vertrag i scho no.“ Der Ton des Ex-Kommissars war auch ein wenig harscher geworden.

Die Kurzhaarige hatte begriffen, dass der Zeuge Max Esterl seinen eigenen, in ihren Augen durchaus riskanten Alkoholkonsum nicht in Frage stellen ließ. Ihr Ton wurde wieder milder:

„Was haben Sie denn verstanden von dem, was er gesagt hat, Herr Esterl?“

„Erst hat er was von einem falschen Namen gesagt, ob das ein Verbrechen ist, wenn man einen falschen Namen annimmt. Dann hat er eine seltsame Drohung ausgestoßen. Dass er den mit dem falschen Namen zur Rede stellen will oder so. Und zwar gleich am nächsten Tag.“

Max Esterl sah zur Kurzhaarigen hin: „Seit diesem Abend zerbreche ich mir andauernd den Kopf, aber ich komm und komm nicht drauf, welchen Namen der Ryba damals genannt hat. Es war wirklich kaum zu verstehen, so verschwommen und undeutlich hat er geredet, der Ryba. Und dann hat er ausgetrunken und ist auch gegangen. Wenn ich doch noch eine Eingebung habe und den Namen finde, dann sind Sie die erste, die das erfährt.“

Max lächelte die Polizistin an.

Die mit der Brille machte sich Notizen.

„Jetzt fällt es mir noch ein: Seine Jacke hat er vergessen, die hab ich mitgenommen und wollte sie ihm am Morgen zum Frühstück bringen. Aber da war er schon nicht mehr da.“

„Und die Jacke? Wo ist die jetzt?“

„Die wollte ich an der Rezeption abgeben, aber die hatten keine Adresse vom Ryba. Das ist mir damals schon komisch vorgekommen. Jetzt ist die Jacke bei mir im Zimmer. An der Garderobe hängt sie, wenn Sie es genau wissen wollen.“

Die beiden Polizistinnen schauten etwas erstaunt.

„Was hätte ich denn mit der Jacke tun sollen? Sie ist nicht wertvoll, sie passt mir auch nicht.“ Max strich über seinen Bauch. „Wenn Sie etwas damit anfangen können, hole ich Sie Ihnen gerne.“

Die mit der Brille überlegte.

„Lassen Sie die Jacke erst mal bei sich. Wenn wir sie brauchen, wissen wir, wo sie ist.“

„Wie lange sind Sie denn noch hier, Herr Esterl?“, schaltete sich die Kurzhaarige ein.

„Diese und die nächste Woche.“

„Gut, das war´s, Herr Esterl. schönen Aufenthalt noch.“

Jetzt war es an Max, zu fragen:

„Ihr Hubschrauber sucht schon den ganzen Tag. Gehen Sie eigentlich von Selbsttötung aus?“

„Wie kommen Sie da drauf?“

„Sie haben mich gefragt, ob der Ryba depressiv war, daraus habe ich geschlossen, dass Sie in diese Richtung ermitteln.“

„Wir ermitteln in alle Richtungen, Herr Esterl, mehr dürfen wir Ihnen nicht sagen.“

„Aber ich möchte Ihnen noch was sagen.“

„Bitte!?“

„Ich bin der festen Meinung, dass der Ryba nicht depressiv war. Der hat irgendetwas herausbekommen. Irgendetwas, das jemand anderem überhaupt nicht gepasst hat. Ich möchte Ihnen keineswegs in Ihre Arbeit pfuschen, aber jetzt sag ich´s noch einmal:

Drei Aussagen des Ryba sind mir von damals noch in Erinnerung:

Er hat was von einem falschen Namen gesagt.

Er hat was vom Vertuschen erwähnt.

Und er hat gesagt, er geht morgen zum Doktor.

Möglicherweise hat das alles nichts zu bedeuten“, ruderte Max ein wenig zurück. Er wollte sich wirklich nicht aufspielen.

„Aber vielleicht hilft es Ihnen doch.“

Die Kurzgestifterlte lächelte ein wenig geschmerzt.

„Danke für Ihre Hilfe."

Damit war die Vernehmung beendet und Max wurde zur Tür hinauskomplimentiert. Draußen wartete schon der Dr. Wimmer im Rollstuhl. Der Egon.

Die Vernehmung war schneller vorbei gewesen als Max gedacht hatte. Jetzt hatte er noch über eine Stunde Zeit bis zum Abendessen. Zeit zum Spazierengehen.

Kapitel 17: „Erst muassn blahn"

Seine Schritte führten Max Esterl, ohne dass er sie bewusst dorthin gelenkt hätte, beim Braxei vorbei zum See hinunter. Schon wieder hörte man die Hubschraubergeräusche, wenn auch jetzt aus einiger Entfernung. Als Max am Anlegeplatz der Fischerei Lackerschmid vorbeikam, entdeckte er den Braxei, der an einem seiner Boote hantierte. Der erkannte ihn gleich und erwiderte seinen Gruß.

„HabedieEhre!"

„HabedieEhre!"

„Hast was zum Richten an deim Boot?"

„Grad zwoa, drei Schrauben."

„Stört der net beim Fischfang, der Hubschrauber?"

„Naa, neda."

„Und warum nicht?"

„Der fliagt ja hauptsächlich da in der Bucht."

„Und da stört er net. Warum net?"

„Weil i da eh net fischn derf. Naturschutzgebiet."

Der Fischer holte ein großes, kariertes Schneuztuch heraus und wischte sich die Nase.

„Finden doans den eh neda, da in der Bucht."

„Und warum net?"

„Weil d´Strömung da umme geht." Der Braxei deutete in Richtung Herreninsel.

„Und niemals da hintre, in d´Bucht."

„Und warum sagst des net der Polizei?"

„Wenn i des da Polizei sagat, dann fliagat da Hubschrauber da umme, wo i fischn tua und daat ma alle Fisch vertreiben."

Die Begründung des Braxei war nicht nur im schönsten Bairischen Konjunktiv vorgetragen, sondern auch vollkommen schlüssig.

„Und der Selbstmörder?"

„Der kimmt scho auffa, wennsn richtig blaht. Des dauert halt sei Zeit. An jedn hamma no gfundn. Aber dort neda, wo d´Polizei suacht."

„Du, Braxei, i hätt a Frage."

„Und?"

„Kannt i mit dir einmal mitfahrn? Nicht extra", schob Max nach, als er das skeptische Gschau des Fischers bemerkte. „Wennst du zum Fischen fahrst, ganz normal in der Früh. Ich würd dir auch gar nicht auf d´Nerven geh. Helfen kannt i aa."

„Helfen, du?" Der Braxei musterte den Max von oben bis unten. „Der tschechische Polizist, der Holub, hat gsagt, du bist früher aa a Kriminaler gwesn."

„Ja, is aber scho a Zeit her."

Der Braxei überlegte.

„No ja, i nahm de scho mit, wennst dei Bappn hältst, während der Arwat. Aber de Woch no net."

„Warum net?"

„Erst muassn blahn."

Diesem Argument eines Fachmannes hatte Max nichts entgegenzusetzen.

„Kimmst eh am Freitag auf an Steckerlfisch?"

„Ja, logisch."

„Da sag i dann Bescheid."

Der Fischer beugte sich wieder in sein Boot.

Max ging zum Abendessen.

Er war noch nicht einmal an der Klinik angelangt, als sein Handy sich meldete. Pepi war dran.

„Grieß dich, Maxe. Gäht gut ins Klinik? Scheen, dass alläs gut is.“

Nach diesen knappen Höflichkeitsfloskeln kam Pepi sofort zum Dienstlichen:

„Foto von Klinikprospäkt is untrsucht, Maxe. Dr. Černý in Klinik Bernau is nicht Černý! Dr. Černý is Professor Čáp! Čáp hatte in Karlsuniversität Praha hohä Position. Macht groß Schweinerei damals mit Coronatäst und is dann vrschwundän, niemand weiß wohin. Iebreinstimmung von Foto Doktor Černý mit Professor Čáp is iebr finfzig Prozänt. Stell dich´s vor!“

„Das ist aber nicht viel, Pepi. Das reicht nicht.“

„Reicht schon, Max. Expertän sagän, dass mehr als finfzig Prozänt is schon hohä Wahrscheinlichkeit. Fast Volltreffär! Jetzt wir machän weiter Recherche, Max. Suchän ins Registr nach Doktor Černý. Du hast gäsagt, er is Tschechä. Is abr nicht registriert bei uns in Räpublik. Hab ich Bittä: Versuchs mehr iebr ihm zu wissän. Gäh zu ihm auf Untrsuchung und frag! Such nach Beweisän!“

„Wie soll das denn funktionieren, Pepi, ohne dass der Černý Verdacht schöpft?“

„Warst du mal Polizist odr nää? Das kannst du. Neni Probläm, Maxe.“

Pepi wechselte das Thema, um seinem Freund keine Chance auf weitere Ausflüchte zu geben.

„Vielä Grieße von Irmi. Hat gäsagt, war scheenste Ausflug letzte finf Jahrä! Also, Ahoj, Maxe! Vrgiss nicht: Černý!“

Obwohl es zum Abendessen Wurstsalat mit reschem Gewürzbrot gab, hatte Max keinen richtigen Appetit.

Irmi erzählte ihren Tischgenossen, dass die Polizei seit Neuestem auch eine Gewalttat an Ryba nicht ausschloss. Anscheinend, so überlegte Max, hatten die zwei Damen seine Aussage ernst genommen. Immerhin.

Nach dem Abendessen ging Max Esterl noch ein wenig spazieren. Es war ein milder Frühsommerabend, der Hubschrauber hatte sich eine halbe Stunde vor dem Abendessen über den See hin entfernt und eine Stille hinterlassen, die einem ganz unwirklich vorkam, nach dem stundenlangen, sich immer wieder nähernden und entfernenden Dröhnen und Donnern.

Max ging diesmal nicht zur Bucht, er lenkte seine Schritte in die andere, östliche Richtung. Abstand gewinnen, Fakten zusammentragen und die Sache nochmals überlegen. Das hatte in seiner aktiven Zeit immer funktioniert. Nach einigen hundert Metern fand der Spaziergänger ein Bankerl, das auf den See hinausschaute. Er setzte sich, genoss die Stille und ließ die vom See her kommende sanfte Abendbrise über sein Gesicht streifen. Der Blick über den langsam dunkler sich einfärbenden See hinüber zur nur noch als Schattenriss zu erkennenden Fraueninsel war Max so vertraut und gab ihm das Gefühl, als sei er schon immer hier gewesen.

Nach einer Weile aber begannen die Gedanken vom Max wieder um das Verschwinden des Ryba zu kreisen und er fasste, so wie er es von seinen aktiven Zeiten her gewohnt war, nochmals alles zusammen, was er bisher ermittelt hatte.

Erstens: Der Ryba hatte sich nicht wie ein Selbstmörder angehört. Das, was er am Abend vor seinem Verschwinden gesagt hatte, war vom Klang her eher aggressiv gewesen, auch wenn Max vom Inhalt nicht viel verstanden hatte. Das hatten anscheinend jetzt auch die Polizistinnen begriffen, obwohl die Selbstmordtheorie natürlich die bequemere war. Wenn Max nur wüsste, was der Ryba sagen wollte, damals.

Sollte er sich nicht doch ein Hörgerät zulegen, wie es Eva ständig forderte? Max verdrängte diesen Gedanken und kam zu Punkt zwei:

Was war in jener Sturmnacht geschehen, als Max nicht schlafen konnte und am Fenster stand? Was war da, von einer Plane verdeckt, mit dem Schubkarren zum See hinunter transportiert worden und von wem? Eine Leiche? Die Reifenspuren, die Max am nächsten Tag gefunden und fotografiert hatte, waren tief gewesen.

Das Ruderboot, das Max entdeckt hatte, war nicht gesichert gewesen, auch ein mögliches Indiz! Aber bei dem Sturm auf den See hinausfahren, das war fast unmöglich!

Und dann noch die Nachforschungen des Pepi Holub! Vielleicht eine weitere Spur, vielleicht aber auch Fehlalarm.

Warum war der Černý nirgends in Tschechien registriert? Er war doch Tscheche. Das hatte er ihm sogar selbst gesagt. Skifahren war er am Špičák!

Fünfzig Prozent, hatte der Pepi gesagt. Das hörte sich nicht nach viel an. Andererseits: Der Černý war Tscheche und der Ryba war Tscheche. Gab es da irgendeine Verbindung zwischen den beiden? Wenn der Pepi glaubte, den Černý schon mal gesehen zu haben, konnte ihn dann nicht auch der Ryba erkannt haben? Max zermarterte sich erneut seinen Kopf: Was hatte der Ryba gesagt an jenem Abend? Wenn er doch nur auf Eva gehört und sich ein Hörgerät angeschafft hätte. Und wenn der Ryba nicht so besoffen gewesen wäre! Kruminale!

Als Max Esterl zurück zur Klinik kam, saß der Doktor Wimmer noch ganz einsam im Rollstuhl an seinem

„Stammtisch“ im Bierstüberl. Max setzte sich zu ihm. Auf eine Halbe Bier.

Egon, ging es dem Max durch den Kopf, während er auf die Bedienung wartete: Auch so ein Name, der bald verschwunden sein würde. Wie Irmi.

Schließlich kamen die zwei Bier, die beiden Männer prosteten sich zu und der Egon begann zu erzählen.

Er hatte bei seinem Verhör, so berichtete der Rechtsanwalt, eigentlich überhaupt nichts aussagen können, was die Polizei weitergebracht hätte. Der Ryba war an diesem Abend gewesen wie immer und er selber sei ja auch früher gegangen.

„Die tappen im Dunkeln, die zwei. Das zeigt doch auch die unsinnige Hubschraubersuche. Der Ryba kann irgendwo sein. Das ist reiner Aktionismus. Das hab ich den Polizistinnen auch gesagt. Wenn das noch die ganze Woche so geht, klage ich gegen die Klinik auf Wertminderung. Das ständige Getöse macht mich verrückt. Das ist Körperverletzung! Da fährt man in eine Klinik, um sich zu erholen und dann ist auf der einen Seite in fünfhundert Metern Entfernung die Autobahn und auf der anderen Seite das Hubschraubergeknatter. Ich hab gute Lust und lasse mir mein Jagdgewehr kommen. Die Mauser. Damit hole ich den runter, den Helikopter, das garantiere ich Ihnen.“ In den Augen des Doktors war Mordlust zu sehen. „Vom Fenster aus hole ich den runter. Glauben Sie´s nicht?“, fragte der Doktor, als er sah, dass Max Esterl lächelte.

„I glaubs scho“, antwortete dieser, schaute dem Doktor in die Augen und setzte unhörbar hinzu: „Egon, einen Hubschrauber willst du runterholen. Du kannst froh sein, wenn du dir noch selber einen runterholen kannst.“

Sofort aber schalt Max Esterl sich einen kindischen Idioten, der, wenn auch nur in Gedanken, seine pubertären Späßchen mit behinderten Menschen trieb.

Den Abend auf seinem Zimmer verbrachte Max Esterl wieder mit Lesen. Aber nicht einmal Klostermanns Ferien im Böhmerwald konnten ihn ganz von seinen Problemen ablenken. Immer wieder kreisten seine Gedanken um die letzten Worte des Ryba.

Irgendjemandem hatte der Ryba irgendetwas sagen wollen. Hatte er an dem Tag deswegen in aller Herrgottsfrüh schon die Klinik verlassen? Oder war es eine Person innerhalb der Klinik, mit der er etwas zu besprechen hatte?

Kapitel 18: Donnerstag. Blutbild

Am nächsten Vormittag stand wieder eine Massage auf dem Stundenplan. Diesmal aber war Max woanders eingeteilt. Nicht Josef Strohmeier stand auf seinem Zettel, sondern Elfriede Zieglmaier.

Die Elfi, eine blondierte Mittvierzigerin, war gerade beim Händewaschen am Waschbecken. Als sie sich umdrehte, merkte Max Esterl, dass sie ein wenig zur Fülle neigte. Irgendwie aber passte dies genau zu ihrer Person und zu ihrer Art. Es gab Menschen, die konnte sich Max Esterl nicht als klapperdürre Exemplare vorstellen. Die Elfi war so ein Mensch. Auch ihre Stimme hatte etwas Rundes, Melodisches.

Wie Max bald danach feststellte, war auch die Art, wie sie massierte, dementsprechend: Eher sanft und geschmeidig.

Elfi begrüßte den Max wie einen alten Bekannten und begann gleich mit ihren Recherchen:

„Herr Esterl, ist das wahr, dass Sie extra zu uns hierher in die Klinik geschickt worden sind, um zu ermitteln?"

„Zu was?"

„Zu ermitteln, wegen dem Herrn Ryba."

„Wie kommen´S denn da drauf? Ich und ermitteln?"

„Sie sind doch von der Kripo, das hat mir die Irmi…, hat mir die Irmi."

Elfi biss sich auf die Zunge.

So war das also! Die Weitergabe von Infos zwischen Elfi und Irmi war keine Einbahnstraße. Das funktionierte auf Gegenseitigkeit. Kruminale!

Max war ein wenig verärgert: „Zwei Dinge möchte ich klarstellen, Frau Zieglmaier: Ich bin nicht mehr bei der Kripo, ich bin schon lange pensioniert."

In milderem Ton fügte er hinzu: „Des merken´S doch eh, dass ich keine 60 mehr bin. Und in Ihrer Klinik bin ich, weil ich eine lädierte Schulter hab, des merken´S doch auch, als Fachfrau. Außerdem bin ich schon hier gewesen, bevor der Ryba verschwunden ist. Das würde ja heißen, dass die Kripo Hellseher hat, die schon vorher wissen, wo etwas passiert."

Damit war die Sache geklärt und die Frau Zieglmaier konnte sich voll ihrer Aufgabe widmen. Sie machte es gut, allerdings fiel es ihr offenkundig schwer, nur vom Wetter und ähnlichen Belanglosigkeiten zu reden. Sie hatte bestimmt gehofft, vom „Klinikkommissar" tolle Neuigkeiten zu erfahren und war jetzt ein wenig enttäuscht.

Max Esterl dagegen fühlte sich wohl und erfrischt nach ihrer Behandlung.

Während Max Esterl sich anzog, hörte er wie draußen vor seiner Kabine ein Handy klingelte.

„Zieglmaier", meldete sich die Therapeutin, „ja, der ist noch da." Sie hörte einige Zeit zu und beendete das Gespräch: „Ich werde es ihm ausrichten."

Max verließ die Kabine.

„Einen Moment noch, Herr Esterl. Ich soll Ihnen vom Chef ausrichten, dass Sie gleich zu ihm ins Arztzimmer kommen sollen."

„Zum Dr. Černý? Was will denn der von mir?"

„Weiß ich auch nicht. Wiederschaun, Herr Esterl."

Max rätselte, was der Černý von ihm wollte. Sofort begann ihm unwohl zu werden, wie vor fast jedem Arztbesuch. Während er die paar Schritte hinüber zum Arztzimmer ging, überlegte er: Hatten seine Blutwerte nicht gestimmt? Hatte einer von den Therapeuten was Ungewöhnliches an ihm festgestellt? War mit seiner Schulter etwas nicht in Ordnung?

Max klopfte und trat ein.

„Sie wollten mich sehen, Herr Doktor?"

„Ja, Herr Esterl. Da ist noch eine kleine Unklarheit in Ihrem Blutbild."

Max Esterl schaute fragend.

„Zwei Entzündungswerte sind zu hoch."

„Muss ich mir da Sorgen machen?"

„Keine Angst, Herr Esterl, das kriegen wir schon wieder hin. Aber wir müssen es beobachten. Bitte machen Sie Ihren Arm frei, ich brauche noch ein Tröpfchen Blut von Ihnen, Herr Esterl, das geht dann wieder ins Labor."

Max war sich nicht sicher, ob die Untersuchung nur ein Vorwand war. Wollte ihn der Černý aushorchen oder einlullen? Er traute dem Chefarzt nicht mehr. Beweisen konnte man natürlich überhaupt nichts. Aber einige Verdachtsmomente gegen ihn gab es. Da hatte Max keine Zweifel.

Die folgende Unterhaltung bestärkte Max Esterl in seiner Meinung:

„Habe gehört, Sie waren früher bei der Polizei, Herr Esterl."

„Lange her."

Kruminale! Der wollte ihn wirklich ausfragen.

„Sie sind doch der aus Zwiesäl?"

Max Esterl nickte. Dasselbe hatte ihn der Dr. Černý schon einmal gefragt.

„ Schäne Bergä, am Arber und am Špičák war ich oft Skifahren, als ich als Arzt in Plzen gearbeitet habe."

„In Pilsen. Das kenne ich, dort habe ich einen guten Freund."

„Ach so", sagte der Černý und fragte scheinbar harmlos nach dem Namen des Freundes.

„Pepi", begann Max und hatte schon das Wort „Holub" auf der Zunge, als ihm siedend heiß wurde. Pilsen war ja ein Dorf, in dem jeder jeden kannte. Dass Černý ihn mit dem Polizeiobersten in Verbindung brachte, wollte Max unbedingt vermeiden.

„Pepi…", wiederholte er langsam. Ihm fiel kein Name ein, aber seltsamerweise ratterte ihm der Speiseplan für das bald beginnende Abendessen durch sein malträtiertes Gehirn. Als erstes war da „Rindersuppe" gestanden, das war unbrauchbar. Aber dann:

„Äh, Pepi, äh, Josef natürlich, Josef…Gulasch."

Jetzt war es herausgerutscht. Max, du Idiot! Kruminale! Etwas Blöderes hätte dir nicht einfallen können. Pepi Gulasch.

Max machte sich auf seine allzu frühe Enttarnung wegen Dummheit gefasst.

Aber sein Gegenüber lächelte.

„Aaah, Gulaš ist Namä von bestes Goalgetter bei Eishockey-Team Plzen. Sehr gutr Mann! Ist diesr Pepi Vrwandtschaft von ihm?"

„Nein, ein anderes, äh, anderer Gulasch."

Die Unterredung nahm immer skurrilere Formen an und Max war froh, als der Wissensdurst des Arztes befriedigt war und er sich wieder seiner Schulter zuwandte.

Nach einer eher oberflächlichen Untersuchung wurde Max mit einem „Schultr wird immr bessr" entlassen.

Kapitel 19: Freitag. „Da ham´S mich sauber erwischt!"

Als er nach dem Frühstück vom Speisesaal auf sein Zimmer gehen wollte, wurde Max Esterl von der Rezeptionistin aufgehalten, der jüngeren von den beiden, die sich regelmäßig abwechselten. „Mandy Klimke" stand auf ihrem Namensschild. Ihr Tonfall, das war Max schon bei ihrer ersten Begegnung aufgefallen, ließ darauf schließen, dass sie aus dem hohen Norden kam. Wie alle anderen, die nicht zum medizinischen Personal gehörten, trug sie ein Dirndl, das zu ihrem akzentuierten Hochdeutsch passte wie die Faust aufs Auge

„Herr Esterl, ich hätte da noch was für Sie."

„Was haben Sie denn heute Schönes für mich?"

„Herr Dr. Černý hätte Sie gerne noch einmal gesprochen."

„Schon wieder? Was will denn der schon wieder von mir?"

„Das weiß ich natürlich nicht, Herr Esterl, aber ich habe in Ihrem Plan nachgeschaut. Sie haben die letzte Anwendung heute um 10:30. Geht es bei Ihnen um halb Zwölf? Dann sind Sie bis zum Mittagessen leicht fertig", fügte die Rezeptionistin hinzu, als sie merkte, dass Max nicht sehr begeistert war.

„Ja, geht schon", stimmte der Ex-Kommissar verstimmt zu.

Was wollte denn der Černý nochmals von ihm? Ihn wieder ausfragen? Oder war ein anderes Problem aufgetaucht, das mit seiner Reha zusammenhing? Hatte die neuerliche Blutentnahme schlechte Werte ergeben?

Max war, was diese Dinge betraf, ein wenig überempfindlich. Wenn jemand zu ihm sagte, dass er heute blass ausschaute, dann ging es ihm prompt schlecht und wenn ein

Arzt auch nur zum Messgerät griff, dann schnellte sein Blutdruck sofort in die Höhe.

Pünktlich um halb Elf stand Max Esterl vor dem Sprechzimmer des Dr. Černý, das direkt neben dem zwischenzeitlich zum Verhörraum umfunktionierten Sanitätszimmer lag.

Auf das Klopfen von Max ertönte ein „Herein".

Der Klinikchef war heute sportlich gekleidet. Unter seinem weißen Arztkittel trug er ein bunt kariertes Sporthemd und dazu eine dunkelgraue Funktionshose.

Der würde heute nur noch ihn behandeln und dann ins Wochenende abhauen. Segeln oder Golf? Das waren wohl die Alternativen bei so einem wie dem Černý.

Der Chefarzt begrüßte seinen Patienten freundlich, wies ihn auf den Stuhl gegenüber dem Arztsessel und eröffnete ihm, dass zur Klärung seines Krankheitsbildes noch ein, zwei Röntgenaufnahmen zu machen seien.

„Krankheitsbild?" Sofort trat bei Max Esterl sein Weißkittelreflex zu Tage. Bestimmt war sein Blutdruck jetzt schon bei 180!

„Was für ein Krankheitsbild? Als ich hierher gekommen bin, war doch noch alles gut. Sie waren zufrieden mit mir, Herr Doktor. Und jetzt habe ich ein Krankheitsbild!?"

Dr.Černý beschwichtigte. „Das wollen wir ja gerade feststellän, ob was fehlt oder nicht. Sie wollän doch unsere Klinik als gesundr Mann verlassän, oder nicht?"

Max Esterl nickte und brummelte etwas in seinen grauen Bart.

„Sehen Sie, und darum werde ich Ihnen jetzt ein Kontrastmittel spritzän, damit Ihre Knochän auch richtig deutlich zu erkennen sind. Legen Sie sich auf die Liegä und machen Sie Ihren linken Oberarm frei."

„Ein Kontrastmittel?“, stieß Max hervor, kaum dass er lag, „braucht´s das?“, da hatte der Černý schon ein Spritzerl hinter seinem weißen Arztkittel hervorgezaubert und es im Arm vom Max versenkt, ehe dieser überhaupt reagieren konnte.

„Da ham´S mich sauber erwischt“, konnte der Ex-Kommissar noch sagen, dann verschwamm das Bild des Chefarztes vor seinen Augen, alles an Max fühlte sich schwer an, er versuchte, seine Arme zu heben, sie bewegten sich keinen Zentimeter von der Liege hoch, nicht einmal seine Finger gehorchten ihm noch. Er wollte aufspringen und davonlaufen, aber seine Beine gehorchten ihm ebenso wenig, seine Augenlider fielen ihm halb zu, sodass er nur mehr das sah, was sich direkt vor ihm abspielte, er wollte etwas sagen, wollte schreien, aber er brachte erst nur ein Krächzen hervor, nach kurzer Zeit konnte er keinen Laut mehr von sich geben. Seine Hände und Füße waren taub, er war total bewegungsunfähig.

Sein Gehör hatte Max seltsamerweise nicht verloren, denn er hörte, wie der Doktor an irgendwelchen Instrumenten hantierte. Und sein Gehirn funktionierte noch, und das sagte ihm zweierlei:

Der Černý hat den Ryba beseitigt. Das ist klar. Das war der erste Punkt.

Der zweite Punkt war der, dass der Černý jetzt das Gleiche mit ihm machen würde. Max Esterl sah sich schon, in Folie verpackt auf einem Schubkarren zum See hinunterrollen.

Jetzt hätte Max eigentlich verzweifelt seine letzten Kräfte mobilisieren und einen Fluchtversuch starten sollen.

Aber er konnte nicht einmal seinen kleinen Finger bewegen, nichts ging mehr. Kruminale!

Aber selbst wenn Max Esterl fliehen hätte können, er hätte es wohl nicht getan:

Dem Max Esterl, Kriminalbeamter im Ruhestand und bisher sehr erfolgreicher Verbrecherjäger war mit einem Male alles wurscht. Scheißegal! Der Černý konnte ihm gestohlen bleiben und mit ihm der ganze Fall. Was ging ihn das an? Ihm war so wohl, ihm ging es gut. Kruminale! So gut wie…

„Wie geht es Ihnen, Herr Esterl? Eigentlich müsste es Ihnen gut gehen, wenn das Mittel so wirkt, wie es beschrieben ist. Aber bei neuen Medikamenten weiß man ja nie."

„Leck mich am Arsch!", wollte Max sagen, aber er brachte keinen Ton hervor. Stattdessen trat der Doktor genau in das beschränkte Gesichtsfeld vom Max und redete weiter.

„Wenn der Begleitzettel des Medikaments stimmt, dann ist Ihnen jetzt alles gleichgültig und Sie verspüren keinerlei Angst."

Der Doktor zog Esterls linkes Augenlid in die Höhe und schaute ihm in die Pupille.

„Gut! Sie brauchen auch keine Angst zu haben, Herr Esterl, ich bin kein Verbrecher. Beim Ryba, da ging es nicht anders. Der war am Morgen noch besoffän und hat mich bedroht. Ich weiß, wer Sie sind, hat er gebrüllt. Ich kenne Ihre frühere Existenz, Professor Čáp, und wenn Sie nicht zahlen, dann fliegen Sie auf! Und er hat mich mit einem Messer bedroht. Da musste ich etwas tun, verstehen Sie?"

Der Doktor zog erneut das Augenlid vom Max in die Höhe.

„Was hätten Sie an meiner Stelle getan, Herr Esterl? Aber bei Ihnen, in Ihrem Fall, da ist das anders." Černý blickte den regungslosen Kommissar, dessen Lid sich wieder zu senken begann, fast entschuldigend an.

„Ich bin ja ein Arzt und kein Mörder. Hab noch nie im Leben etwas Schlimmes gemacht. Nur dieses eine Mal. Aber so ist es: Wenn man einmal anfängt…“

Max spürte, wie der Doktor die Finger an sein Handgelenk legte. Brachte er ihn jetzt um oder fühlte er nur seinen Puls?

„Alles gut, Herr Esterl, Sie werden es überleben und ich haue ab.“

Nach einer kleinen Pause begann der Doktor erneut: „Eigentlich kann ich Ihnen auch gleich alles erzählen. Morgen schon bin ich über alle Berge, wie Ihr Deutschen so schön sagt.

Ich wäre ja schon längst verschwunden. Spätestens nach Ihrer Aussage bei der Kripo hatte ich gemerkt, dass es nicht mehr lange dauert, bis ich enttarnt bin.“

Černý hatte anscheinend im Blick seines Gegenübers eine Frage bemerkt.

„Sie wundern sich? Ich habe eine Abhöranlage installiert und alles mitgehört, was im Untersuchungszimmer gesprochen wurde, alle Verhöre. Das war technisch ganz einfach.

Ihre Aussage war die einzige, die der Wahrheit nahe kam. Sehr nahe. Zu nahe! Zum Glück haben die beiden Polizistinnen Ihre Aussage nicht so ernst genommen damals. Die haben fast darüber gestritten, ob Sie ein Wichtigtuer sind oder nicht. Aber ich habe damals kapiert, dass nur Sie mir gefährlich werden können.

Zu meinem Glück haben Sie der Polizei gar nicht alles gesagt, was Sie wissen.

Wie sind Sie nur darauf gekommen, dass ich den toten Ryba zum See hinuntergebracht und dort versenkt habe?“

Max konnte natürlich nichts darauf sagen. Er konnte nicht erzählen von der Sturmnacht und dem geheimnisvollen

Mann mit dem Schubkarren. Er schluckte. Das Schlucken funktionierte seltsamerweise noch.

„Na egal. Damals, zwei Tage nach dem Sturm, da habe ich Sie ganz schön erschreckt auf dem Weg zum See. Was haben Sie da fotografiert? Spuren? Da hatte ich schon einen ersten Verdacht. Aber ich konnte mir noch nichts zusammenreimen."

„Danke, gleichfalls", ging es Max durch den Kopf. „Ich konnte mir damals auch noch nichts zusammenreimen. Kruminale!"

„Erst nach Ihrem Verhör, als Sie der Polizei auf die Sprünge geholfen haben, da konnte auch ich eins und eins zusammenzählen."

Černý tätschelte Esterls Wange.

„Meine Informantin hier in der Klinik hat mir dann zusätzlich etwas geflüstert: Sie arbeiten immer noch für die Polizei.

Aber egal. Jetzt warte ich nur noch auf den Kurier aus Prag. Der Boden hier ist mir zu heiß geworden."

Der Doktor reckte sich, wandte sich von Max ab und begann, einige Schubläden in seinem Arztzimmer zu ziehen, Gegenstände daraus zu entnehmen und diese in einer Tasche zu verstauen. Max Esterl glaubte zu wissen, warum ihm dieser Verbrecher das alles erzählte. Auch während seiner Berufslaufbahn hatte er Kriminelle kennengelernt, die versucht hatten, ihre Taten vor ihm zu erklären, sich zu rechtfertigen, die eigene Schuld so klein wie möglich zu machen.

„Meine Auftraggeber sind seriös. Auf die kann ich mich verlassen."

Černý lachte bitter.

„So seriös, wie Vertreter der Pharmaindustrie nur sein können. Die lassen mich nicht hängen. Heute Abend bringt mir dieser Kurier neue Papiere und Flugtickets für mich und eine zweite Person, und das Geld vom Schmuggel der Covid-Tests im vorigen Jahr, das mir noch zusteht. Aber das vom Schmuggel können Sie ja gar nicht wissen, warum erzähle ich das alles?“

Wenn Max Esterl sprechen hätte können, hätte er dem Doktor Černý, oder sollte er ihn Professor Čáp nennen, schon sagen können, dass er alles wusste vom Schmuggel der Covid-Tests über die Bayerisch-Tschechische Grenze am Gsenget und vor allem auch davon, wer diesen Schmuggel im Vorjahr hatte auffliegen lassen. (Siehe: „Max Esterl und das Virus“!)

„Wenn der Kurier die Papiere gebracht hat, dann verabschiede ich mich still und heimlich von der Klinik hier und vom Chiemsee. War eine schöne Zeit.“

Der Doktor verschloss seine Tasche.

„Also, Herr Esterl, werden Sie schnell wieder gesund. Ich brauche einen kleinen Vorsprung. Am Montagmorgen wird die Putzfrau Sie finden, aber wahrscheinlich hört Ihr Medikament schon früher zu wirken auf. Sie werden sich nassgepinkelt haben, vielleicht auch ein klein wenig abgeschissen, aber Sie werden froh sein, dass Sie noch heil sind. Vermissen wird Sie hier in der Klinik bis Montag keiner. Und dann bin ich schon über alle Berge. Leben Sie wohl, Herr Esterl!“

Dr. Černý ließ die Jalousien herunter, machte das Licht aus, schloss die Tür hinter sich und sperrte von außen ab.

Max Esterl blieb nichts anderes übrig als dazuliegen und zu warten.

Als erstes eilten seine Gedanken zu seiner Frau Eva. Die würde ihn bestimmt heute Abend anrufen und sich nach seinem Befinden erkundigen. Sie würde sich ein wenig ärgern, aber hoffen, dass er zurückrufen würde. Sie würde es später am Abend nochmals versuchen und am Samstagmorgen und am Samstagmittag.

Spätestens dann, so hoffte Max, würde Eva Alarm schlagen. Vielleicht hatte man in der Klinik auch schon bemerkt, dass er abging. Aber da machte sich Max Esterl wenig Hoffnung. Am Wochenende davor war er ja auch nicht zum Essen gekommen. Die Klinik war keine geschlossene Anstalt und die Patienten konnten am Wochenende tun was sie wollten, ohne dass dies überprüft wurde.

Eigentlich aber, so musste Max feststellen, war es ihm egal. Ihm war alles egal. Er döste vor sich hin und bieselte sich ohne Bedauern in die Unterhose.

Der Doktor Černý hatte recht gehabt:

Das Medikament wirkte wie im Waschzettel beschrieben.

Kapitel 20: Samstag. Vermisst!

Es war sieben Uhr morgens. Eva Esterl drückte die Wahlwiederholung. Wie oft hatte sie ihren Mann jetzt schon zu erreichen versucht? Nach dem fünften Fehlversuch hatte Eva zu zählen aufgehört.

Ihr anfänglicher Zorn auf ihren Mann hatte sich allmählich in Besorgnis und jetzt sogar in Angst verwandelt. Max war zwar manchmal nachlässig und vergesslich, aber so etwas hatte sie noch nie bei ihm erlebt. In Evas Fantasie spielten sich seit Freitagabend verschiedene Szenarien ab, eines schlimmer als das andere.

Die harmloseste Fassung war noch, dass Max sich mit irgendwelchen Kurkumpanen besoffen hatte und seinen Rausch ausschlief.

Lauerten nicht überall in diesen Kurkliniken auch Weiber, die es auf ältere, rüstige Herren abgesehen hatten? War ihr Max einer solchen „Dame“ auf den Leim gegangen? Er war ja, trotz Glatze und Bäuchlein immer noch attraktiv und konnte sehr charmant sein.

Oder war dem Max etwas zugestoßen? Was aber sollte ihm passiert sein? Er war momentan in keinen Fall verwickelt, er war gesund und in der Klinik sicher gut versorgt und aufgehoben.

„Ihr Gesprächsteilnehmer meldet sich nicht. Versuchen Sie es erneut oder hinterlassen Sie eine Nachricht nach dem Signalton.“

„Max Esterl, wo immer du auch bist, melde dich! Wenn ich bis heute Abend keine Nachricht von dir habe, gehe ich zur Polizei. Kannst du dir vorstellen, welche Sorgen ich mir mache?“

Genau zu der Zeit, als Eva anrief, wachte Max auf. Er hörte das leise Summen seines stumm geschalteten Handys und spürte dessen Vibrieren. Aber er war nicht fähig, sich zu bewegen, geschweige denn abzunehmen. Das Handy beruhigte sich wieder. Max musste an Eva denken. Sie würde sich Sorgen machen.

Durch die Spalten der Jalousie drang ein wenig Licht. Also war es schon wieder Tag. Max konzentrierte sich. Samstag war heute. Sein Wurstigkeitsgefühl war immer noch da, allerdings war ein gewaltiges Durstgefühl hinzugekommen. Das war aber nicht das einzige Problem: Er musste sich im Schlaf nochmals abgebieselt haben, denn die Nässe seiner Hose machte sich inzwischen unangenehm bemerkbar. Er versucht sich zu bewegen, war aber immer noch paralysiert. Das Nässegefühl im Schritt allerdings gab Max Hoffnung: Vielleicht ließ die Wirkung des Medikaments doch langsam nach. Was hatte der Černý gesagt? „Einen kleinen Vorsprung brauche ich."

Max fand, dass der Vorsprung jetzt groß genug sei, nickte aber über diesem Gedanken erneut ein.

Während Max schlief, suchte Eva nach der Telefonnummer der Kurklinik.

Eine Frauenstimme meldete sich und wünschte einen „Guten Morgen". Eva schilderte ihr den Fall und ihre Ängste und bat sie, zum Zimmer vom Max zu gehen und zu klopfen, oder die Bedienung zu fragen, ob der Max am Frühstück teilgenommen hatte.

Anscheinend passierten in einer Kurklinik öfter solche außergewöhnlichen Sachen, denn die Rezeptionsdame reagierte mit großer Routine:

„Frau Esterl, wir schauen nach Ihrem Mann. Zuerst schicke ich jemanden vom Personal zu seinem Zimmer. Wenn er nicht dort ist, frage ich nach, ob er auch zum Frühstück nicht erschienen ist. Aber, Frau Esterl, bitte bedenken Sie: Wir sind kein Krankenhaus und schon gar keine geschlossene Anstalt. Bei uns kann sich jeder Patient so frei bewegen, wie er will, zumindest am Wochenende. Sie glauben nicht, was wir da schon alles erlebt haben."

Das klang nicht unbedingt beruhigend für Eva.

„Frau Esterl, ich rufe Sie in etwa einer Stunde zurück. Bitte haben Sie Geduld, es dauert etwas länger, weil am Wochenende nicht so viel Personal da ist. Also, bis in einer Stunde. Und machen Sie sich keine großen Sorgen, Frau Esterl! Das Problem wird sich lösen. Vielleicht schon bald."

Der Rückruf aus der Klinik hatte Eva nicht erlösen können. Der Patient Max Esterl war nicht aufzufinden.

Um fünf Uhr nachmittags stand Eva Esterl am Tresen der Zwieseler Grenzpolizeistation. Sie sah verheult aus. Der diensthabende Polizist wiederholte gerade: „Also Frau Esterl, wenn ich Sie richtig verstehe, wollen Sie eine Vermisstenanzeige aufgeben und die vermisste Person ist der Max, äh, Ihr Mann, Max Esterl?"

Eva schniefte zustimmend.

„Seit wann vermissen Sie ihn denn schon?"

„Seit gestern. Ich weiß, das ist noch nicht lang, aber die Umstände, die Umstände sind so total absurd."

Hinter dem Rücken von Eva erklang eine weibliche Stimme, die ihr bekannt vorkam.

„Was ist mit dem Max? Vermisst wird der? Das gibt´s doch nicht! Nicht der Max!"

Anke Brandt, die Dienststellenleiterin, eine gute Freundin vom Max, hatte zufällig das Gespräch zwischen ihrem Kollegen und der Eva mitbekommen.

„Ich übernehm das", beschied sie ihrem Kollegen und bugsierte Eva in ihr Dienstzimmer. „Ich hatte gerade noch

Schreibarbeiten zu erledigen, darum die Unordnung", entschuldigte sich die Polizistin.

„Also, Frau Esterl, was ist mit dem Max? Erzählen Sie!"

Anke Brandt machte sich Notizen und versuchte, Eva zu beruhigen.

„Frau Esterl. Sie vermissen den Max jetzt seit etwa 24 Stunden. Das ist eigentlich noch nicht lang, wie Sie ja selber gesagt haben. Aber die Umstände sind schon sehr seltsam. Und wenn man die Person Max Esterl kennt, dann kann man sich sein Verschwinden erst recht nicht vorstellen."

Eva nickte dankbar.

„Hatte er denn einen neuen Fall?"

„Einen Fall? Um Gottes Willen. Der Max doch nicht. Der steckt seine Nase nicht in Dinge, die ihn nichts angehen.

Nicht mehr", verbesserte sich Eva nach kurzem Nachdenken. „Ich wüsste nicht, was in so einer Kurklinik passieren könnte. Vorgestern, als er mich das letzte Mal angerufen hat, schilderte Max die Stimmung in der Klinik mit den Worten „Langeweile pur"."

„Frau Esterl, bis morgen müssen wir schon noch warten, ehe wir die ganze Maschinerie in Gang setzen. Versuchen Sie es heute Abend und morgen früh an seinem Handy und rufen Sie gleich morgen früh bei mir an, egal ob Sie ihn gefunden haben oder nicht.

Wenn nicht, dann kurble ich den Apparat an. Ich kenne einige bei der Rosenheimer Polizei, die helfen uns bestimmt weiter."

Anke Brandt umarmte die wie ein Häuflein Elend dastehende Eva.

„Wir finden ihn, Eva. Einer wie der Max kann doch gar nicht verloren gehen."

„Danke, Anke, das tut gut.“

Keine der beiden Frauen hatte bemerkt, dass sie wie von selber zum Du übergegangen waren.

Ungefähr zur gleichen Zeit wachte der Gesuchte zum zweiten Mal auf. Er hatte gewaltiges Kopfweh, verspürte einen ungeheuren Druck im Bauch und hatte das Gefühl, dass er dringend aufs Klo musste. Sofort! Jetzt würde die Prophezeiung des Doktors wahr werden und er würde sich nicht nur bepisst, sondern auch beschissen haben. Kruminale!

Aber wenn er seinen Darm spürte, dann…?

Max Esterl bewegte seine Zehen.

Kruminale, das ging!

Dann versuchte er sich aufzusetzen. Das ging auch, war allerdings mit einem heftigen Schwindelanfall verbunden. Aber es pressierte. Es pressierte fürchterlich. Keine Zeit mehr für Schwindel! Max Esterl krabbelte von der Liege, auf der er jetzt so lange Zeit bewegungslos verbracht hatte und tastete sich zur Tür. Verschlossen! Kruminale! Er konnte nicht raus und dieser Chefarzt hatte nicht einmal sein eigenes Klo! Max Esterl sah sich um: Das Waschbecken! Gut, dass die Tür verschlossen war, da konnte ihn wenigstens keiner bei seinem Vorhaben überraschen. Aber das Becken war zu hoch. Viel zu hoch!

In seiner Not schob Max den Schreibtischstuhl vom Černý neben das Becken, erklomm ihn und setzte sich in das Waschbecken. Das war zwar nicht bequem, aber die anrüchige Geschichte war in kurzer Zeit erledigt. Wenige Minuten später stieg Max Esterl zufrieden seufzend vom Chefstuhl. Er hätte vor Freude schreien können. Die Nacht der Zombies war zu Ende, er konnte sich wieder bewegen und sein Darm hatte sich auch schon bewegt. Ziemlich heftig sogar! Kruminale!

Jetzt hatte Max, bevor er sich der Öffentlichkeit präsentieren konnte, noch drei Probleme zu lösen.

Das Waschbecken war voller Scheiße, es stank bestialisch und nur mit dem Wasserhahn kam er der Menge nicht bei. Das Becken drohte überzugehen.

„Heder" hatte man in seiner Kindheit zu so einem Haufen gesagt, fiel Max jetzt völlig unsinnigerweise ein. Ein wenig hektisch wegen des selbst für den Verursacher unerträglichen Gestanks, suchte Max nach einem Gerät, mit dem er den Heder zerkleinern und in den Siphon drücken konnte.

Das noch dringendere Problem war, dass der Gefangene einen Riesendurst hatte. Die naheliegendste Lösung wäre natürlich der Wasserhahn gewesen. Aber der und das Waschbecken waren für Max momentan tabu. Kein noch so großer Durst hätte ihn dazu gebracht, seinen Kragen über das Waschbecken zu stecken.

Aber zum Glück hatte der Černý ein Tragerl Mineralwasser neben der kleinen Garderobe stehen. Max war so kraftlos, dass ihn selbst ein einfacher Schraubverschluss aus Plastik vor Probleme stellte. Mit zittrigen Händen hielt er die Flasche an seinen Mund und trank, trank und trank. Er trank wie ein Abnehmkaiberl, so hatte man in seiner Jugend gesagt.

Während des Trinkens fiel sein Blick auf einen Schuhlöffel und auf den weißen Mantel des Chefarztes, die am Kleiderhaken hingen. Mit denen würde er, so fiel Max ein, seine zwei anderen Probleme lösen.

Nachdem der Ex-Kommissar den Wasserhahn aufgedreht und mit Hilfe des Wasserstrahls und des überlangen Schuhlöffels die ganze braune Portion unter ständigem Rühren durchpassiert hatte, öffnete er das Fenster, bediente die Jalousie, sog erst einmal die frische Luft in seine Lunge, setzte sich auf den Chefsessel, zog Hose und Unterhose aus, ließ die völlig durchnässten Kleidungsstücke einfach auf dem Boden liegen, ging erneut zum Kleiderhaken und zog sich den weißen Kittel des Chefarztes an, in dessen Seitentasche noch dessen Brille und Stethoskop steckten. Das Namensschild an seinem Revers wies Max als Chefarzt Dr. Černý aus. Chefarzt ohne Unterhose! Max musste laut lachen. Die Welt begann, wieder schön zu werden.

Noch bevor Max Anstrengungen unternahm, das Sprechzimmer zu verlassen, suchte er in der verpissten Hose nach seinem Handy. Gottseidank funktionierte es noch, obwohl ihm die Nässe zugesetzt haben mochte.

„Eva---ich bin´s, der Max. Hast de stark oweto (Hast du dir große Sorgen gemacht)? Ich kann dir gar nicht sagen, wie leid es mir tut. Diesmal kann ich wirklich nichts dafür. Ich war zwei Tage eingesperrt und betäubt. Im Ärztezimmer."

Eva wurde nicht recht schlau aus den für sie ziemlich wirr klingenden Sätzen ihres Mannes.

„Hauptsache, du lebst. Max", war Evas erster Kommentar. Aber dann konnte sie nicht anders: Mit leiser, zerbrechlicher Stimme, aus der nur ein leichter Vorwurf herauszuhören war, schilderte sie ihrem Mann, was sie durchgestanden hatte. „Du kannst dir gar nicht vorstellen, welche Sorgen ich mir gemacht habe. Ich hab seit gestern kein Auge zugetan, ich war bei der Polizei, habe an der Klinik angerufen und dich suchen lassen. Ich war völlig fertig."

Max suchte nach Worten. Wenn Eva jetzt da gewesen wäre, hätte er sie umarmt und so lange fest an sich gedrückt, bis sie sich einigermaßen beruhigt hätte. Und dann hätte er zu erklären begonnen.

So aber blieben ihm nur dürre Worte der Entschuldigung.

Nach wenigen Sätzen beendete Max Esterl das Gespräch mit seiner Frau.

„Eva, ich muss jetzt aufhören. Was da alles passiert ist, seit gestern, das erkläre ich dir später. Jetzt muss ich erst einmal raus aus meinem Gefängnis und die Polizei alarmieren, vielleicht erwischen sie den Täter noch. Bitte vergiss du nicht, die Anke anzurufen und den Alarm abzublasen."

Als er über sein Handy hörte, dass Eva leise weinte, setzte Max hinzu: „Diesmal kann ich wirklich nichts dafür, ich schwör´s."

Nach einer längeren Pause fragte Max leise: „Magst mich noch, Eva?"

Aber er hörte nur noch das Freizeichen.

Kapitel 21: Max ist dehydriert

Kurze Zeit später öffnete sich das Fenster des im Erdgeschoß liegenden Arztzimmers noch ein Stück weiter und ein arg ramponierter, zittriger Max Esterl im Chefarztkittel, aus dem unten zwei nackte Wadl schauten, ließ sich vorsichtig an der Hauswand herab zu Boden gleiten.

Eine vorbeipromenierende Samstagabendspaziergängerin blieb erstaunt stehen und zückte ihr Handy, aber auf ihrem Foto war der Mann im Arztkittel mit nichts darunter nur von hinten zu sehen.

Max war schon zur Rezeption gestürmt und wollte Alarm schlagen, aber an der Rezeptionstheke war niemand zu sehen. Weil das Abendessen gerade beendet war, tröpfelten die Kurgäste nach und nach aus dem Speisesaal. Fast alle blieben stehen, blickten herüber zu Max und schüttelten den Kopf, manche begannen, zu diskutieren.

Max konnte die Blicke der Neugierigen in seinem Rücken fühlen. Während er pausenlos auf den vor ihm liegenden Klingelknopf hämmerte, spürte er einen Stoß in seine Kniekehle.

Der Doktor Wimmer in seinem Rollstuhl. Kruminale! Der hatte ihm gerade noch gefehlt.

„Hamma den Beruf gewechselt, Herr Esterl? Sand Sie jetzt der Chefarzt? Die Rezeption ist übrigens heute Abend geschlossen."

Der Doktor Wimmer zeigte auf ein Hinweisschild, das Max Esterl in seiner Eile übersehen hatte.

Dann aber legte der Rechtsanwalt Dr. Wimmer eine erstaunliche Tatkraft an den Tag. Er merkte sofort, dass da etwas nicht stimmte, bugsierte den immer noch ziemlich derangierten Max Esterl an das Tischerl, an dem sie ihren

Alkoholabend mit Ryba verbracht hatten und forderte den weiß gekleideten Ex-Kommissar auf:

„Iatz erzählen´S!"

Max schilderte nur, dass der Černý den Ryba umgebracht habe, ihn selber danach im Arztzimmer festgesetzt und gefangen gehalten habe, und dass der Černý jetzt flüchtig sei.

Der Doktor Wimmer schien sich fast zu freuen. „Um den Ryba tut es mir leid, aber der Černý, der ist mir von Anfang an unsympathisch gewesen. Und seine Behandlungsmethoden…", der Wimmer machte eine wegwerfende Handbewegung.

„Für d´Katz. Da, schaun´S mi o. Zwischendurch war´s kurz besser, aber: Nix geht weiter. Immer noch Rollstuhl! Drei Wochen bin i iatz scho da. Ois für d´Katz!

So, und iatz rufen wir die Polizei."

Der Rechtsanwalt kramte sein Handy aus seiner Joppentasche, wählte und sagte mit seiner strengsten Rechtsanwaltsstimme, dass sich die Rosenheimer Kripo auf den Weg zur Bernauer Kurklinik machen solle.

„Körperverletzung, Freiheitsberaubung, Mordverdacht. Genügt das? Und dalli!"

Den Dr. Wimmer hätte Max nicht als Gegner vor Gericht haben wollen. Jetzt aber war Max Esterl ihm dankbar.

Schon während der Wimmer telefoniert hatte, waren dem Max die Augen zugefallen. Als die Polizisten eine halbe Stunde später eintrafen, die Stifterlhaarige vom Verhör damals war auch diesmal dabei, fanden sie einen laut schnarchenden Max Esterl breit hingestreckt im Sessel neben dem im Rollstuhl sitzenden Dr. Wimmer. Das Medikament zeigte Nachwirkungen.

Der Wimmer weckte den draamhapperten (schlaftrunkenen) und momentan ziemlich orientierungslos wirkenden Max auf und übernahm souverän die einleitenden Erklärungen.

Die Gestifterlte kapierte sofort und schickte als Erstes eine internationale Fahndungsmeldung nach Dr. Černý hinaus.

Inzwischen hatte Max Esterl sich soweit erholt, dass er vernehmungsfähig war.

„Aber net ohne a Hoibe Bier", war seine erste Äußerung. „Ich bin dehydrierter wia a Packl alter Semmelbrösel."

Ein Uniformierter wurde in den Speisesaal zum Bierholen geschickt und kam zum Glück mit gleich drei Flaschen zurück. Die erste war schon fast leer, ehe der Max mit seiner Aussage beginnen konnte.

Er schilderte den Hergang seiner Gefangennahme, gab sich als Ex-Kollegen zu erkennen, berichtete von dem Verdacht seines Freundes, des tschechischen Polizeiobersten Josef Holub und der von diesem daraufhin veranlassten Gesichtsanalyse, er erzählte von seiner Beobachtung in der Sturmnacht, von der Reifenspur im Schlamm und von dem nicht vertäuten Boot.

„Von der Reifenspur habe ich ein Handyfoto, aber das werden wir jetzt auch nicht mehr brauchen. Beim Fotografieren hat mich der Dr. Černý überrascht. Da, glaube ich haben wir den ersten Verdacht geschöpft. Gegenseitig! Er hat vermutet, dass ich ihm nachschnüffle und ich habe ihm auch nicht mehr so ganz getraut. Aber dass der Černý den Ryba um die Ecke gebracht hat, das konnte ich damals noch nicht einmal ahnen."

Die Kurzgestifterlte wollte etwas einwenden, aber Max kam ihr zuvor: „Natürlich hätte ich schon früher zu Ihnen kommen können, aber was hätten Sie zu dem Zeitpunkt denn gesagt?“

Max schaute der Kollegin in die fragenden braunen Augen.

„Schon wieder ein Gschaftler, ein Wichtigtuer, das hätten Sie gesagt, habe ich nicht recht?“

Max öffnete die zweite Flasche.

Von der Jacke des Ryba, die immer noch in seinem Zimmer hing, wollte Max Esterl momentan nicht nochmal anfangen, das hätte die Dinge nur noch mehr kompliziert und er hätte vielleicht sogar auf sein Zimmer gehen und die Jacke holen müssen. Dazu war Max Esterl momentan viel zu müde.

Er nahm stattdessen erneut einen tiefen Schluck. Jetzt spürte er schon die Wirkung des Alkohols. Er hatte schließlich seit Freitagmittag nichts gegessen.

„Und wie, Herr Kollege“ -die Kurzgeschorene sprach das Wort ganz süffisant- „wie hat der Dr. Černý dann herausgefunden, dass Sie ihm wirklich auf der Spur sind? Das mit dem Handyfoto von dem Reifenabdruck war ja kein wirklich zwingender Hinweis. Da wäre der Doktor Černý ja ein Hellseher. Wie ist der Černý dahintergekommen?“

Jetzt kam der Moment des Triumphes. Max wollte ihn auskosten.

Er öffnete die dritte Flasche.

„Hunger hätt ich auch. Hab keinen Bissen gegessen, seit meiner Gefangennahme.“

Beflissen eilte der gleiche Polizist, der vorhin das Bier geholt hatte, wieder in Richtung Küche.

„Und no a Halbe, wenn´s geht…bitte!“

Die Gestifterlte ließ sich nicht beirren:

„Sie schulden uns noch eine Erklärung. Warum hat der Černý Sie außer Gefecht gesetzt? Wie konnte er ahnen, dass Sie ihn in Verdacht hatten?“

„Die Erklärung ist ganz einfach.“

Max zögerte. „Ganz einfach. Und sehr, sehr überraschend.“ Max nahm einen weiteren Schluck. Wenn jetzt nicht bald der Kollege mit der Brotzeit kam, war er bratfertig. So bratfertig wie der Ryba damals.

Alle schauten zu ihm hin wie auf einen Zauberer, der bald das Kaninchen aus dem Hut holen würde.

„Der Černý hat alles mitgehört.“

„Was hat er?“

Die Polizisten schauten sich ungläubig an.

„Er hat die ganzen Verhöre, die Sie geführt haben, abgehört. Das hat er mir selbst noch gesagt, bevor er abgehauen ist. Sein Arztzimmer liegt doch direkt neben dem Sanitätszimmer, das Sie als Verhörraum benutzt haben. Er hat Ihren Raum irgendwie verwantscht.“

Max musste aufpassen, dass es ihm nicht erging wie dem Ryba damals und seine Zunge einen Konsonantenstau bekam.

„Er hat Ihr Verhörtschimmer verwantscht und alles mitgehört.“

Die Z waren das Hauptproblem. *Z vermeiden!*, ging es Max durch den Kopf.

„Schaun´S nach. Alles voller Wantsch…voller Wan…dmikrofone.“ Max war stolz auf seine Bypasslösung. Das sollte ihm einer nachmachen, in dem Zustand. Kruminale!

Max beschloss, von nun an nur noch Sätze ohne „tsch“ zu sprechen. Seine Deutschlehrerin Eva würde auch stolz auf ihn sein.

Auf einen Wink der netten Kurzhaarpolizistin hin verschwanden zwei Kollegen in Richtung Sanitäts- und Arztzimmer. Hoffentlich hatte sich der Gestank dort mittlerweile schon verflüchtigt.

Während alle auf die zwei Wanzensucher warteten, machte sich Max Esterl mit großem Appetit über den Brotzeitteller her, den der nette Kollege eben mit einem Gruß aus der Küche gebracht hatte.

Nach kurzer Zeit kamen die supernetten zwei Polizisten wieder aus dem Sanitätszimmer zurück und nickten. Wanzen gefunden.

„Und das Medikament, das dem Herrn Esterl gespritzt worden ist, haben wir auch sichergestellt."

Stolz zeigte der eine von ihnen ein Medikamentenflascherl und eine Spritze, die sie in Plastik eingetütet hatten.

Die übersupernette Kurzhaarkollegin schaute Max Esterl noch eine Weile beim Brotzeitmachen zu, dann hatte sie ein Einsehen.

„Herr Esterl, wir machen morgen weiter, heute hat das wohl keinen Sinn mehr mit Ihnen."

„Ah geh, jetscht waar´s grad gemütlich word´n mit Ihnen und den anderen."

Die nicht nur nette sondern auch überaus hübsche Stifterlkollegin gab das Zeichen zum Aufbruch.

Mit amtlicher Stimme sprach sie: „Herr Esterl. Sie haben uns sehr geholfen. Halten Sie sich bitte zu unserer Verfügung. Wir brauchen Sie noch."

Und in einem ganz anderen, warmen Ton setzte sie hinzu:

„Geht´s Ihnen gut? Gelt, das sind die Nachwirkungen von dem Mittel, das Ihnen der Doktor gespritzt hat. Eigentlich sollten wir Sie ja von einem Arzt untersuchen und Ihnen Blut abzapfen lassen."

„Ich brauch keinen Artscht. Und ich lass mich auch nicht untrschuchn. Wasch ich brauch, isch mein Tschimmer und mein Bett. Kruminale!"

„Schaffen Sie es in Ihr Zimmer?"

Max kramte in den Taschen seines Arztkittels.

„Den Schlüschel bräuch..., brauchad i halt noch. Den Tschimmerschlüschel. Der isch in meiner Hoschentasche."

Die Polizistin blickte an Max herunter auf seine nackten Wadln.

„Und wo is Ihr Hosn?"

„Im Artschttsch... im Artschttsch..."

Die Kurzhaarige hatte ein Einsehen.

„Geht bitte jemand von Euch ins Arztzimmer und holt dem Herrn Esterl seine Schlüssel aus seiner Hosentasche."

Einer der Polizisten machte sich auf den Weg.

Drei Minuten später kam er wieder zurück, den Schlüssel zwischen zwei Fingern von sich weghaltend und mit der anderen Hand nach Frischluft wedelnd.

Max bedankte sich, ließ den noch seichnassen Zimmerschlüssel in die Seitentasche seines weißen Kittels fallen, verabschiedete sich mit einem „War mir ein Vergnügen, Kollegen, bisch morgen" und steuerte auf den Aufzug zu, die halbvolle vierte Flasche Bier in seiner Hand.

Kapitel 22: Sonntag. Mandy

Beim Frühstück am Sonntag stand natürlich Max Esterl im Mittelpunkt.

Sogar die Irmi, die sonst an den Wochenenden daheim aß, saß schon voller neugieriger Erwartung im Sonntagsstaat am Frühstückstisch.

Max hatte noch nicht einmal den Kaffee umgerührt, da begannen schon die Fragen. Irmi wollte alles wissen, während der Doktor Wimmer schweigend eine Butterbreze verzehrte. Er hatte ja gestern alles hautnah mitbekommen, er brauchte nicht neugierig zu sein.

„Und da hat dich der Doktor Černý betäubt? In seinem Arztzimmer?“

Max nickte kauend.

Die Hälse der an den umliegenden Tischen sitzenden Kurgäste wurden länger und länger.

„Und der Černý ist verschwunden? Abgehauen? Allein?“

„Was weiß ich?“

„Da bin ich aber gespannt, ob er die von der Rezeption mitgenommen hat.“

„Die von was?“

Irmi senkte den Ton und beugte sich zum Ohr vom Max hinüber.

Die Hälse der Nachbarn wurden noch um Einiges länger.

„Der hat doch was mit der Jungen von der Rezeption, der aus Düsseldorf, der Mandy, Mandy, ihr Nachname fällt mir jetzt nicht ein. Ah, egal! Der Gschubstn jedenfalls, die so übertrieben Hochdeitsch gredt hat. Sie haben´s geheim gehalten, niemand sollte von ihrem Verhältnis wissen, hat die Elfi gsagt. Klimke heißt die, jetzt fällt es mir wieder ein. Klimke.“

„Interessant! Ganz interessant!“, war der knappe Kommentar des Ex-Kommissars und damit war sein Frühstück beendet, er stand auf und ging. Mit ihm verließen seine zwei Tischnachbarn ihren Platz und fast gleichzeitig mit ihnen brachen auch die anderen Gäste von den Nachbartischen auf, die schon längst mit ihrem Frühstück fertig waren, aber nur noch vor ihrem kalten Kaffee darauf gewartet hatten, dass der Ex-Kommissar oder die Irmi irgendeine Sensation ausplaudern würden.

Den Rest des Sonntags wollte Max Esterl mit Schlafen, Essen und Spazierengehen verbringen.

Doch schon um kurz nach Neun, er wollte sich gerade für einen Strandspaziergang fertig machen, meldete sich sein Handy.

„Frieda Freilinger, Herr Esterl, haben Sie Zeit für mich heute Vormittag, ich hätte noch ein paar Fragen an Sie.“

Die Kurzhaarige. Frieda hieß sie also. Und freundlich konnte sie sein, wenn sie wollte. Aber das war schon richtig, konstatierte Max, der ehemalige Kripobeamte, so sollte es sein: Im Grundton freundlich, aber durchaus auch zupackend, wenn es nötig war.

Frieda fuhr fort: „Wir sind sowieso für einige Zeit an der Klinik beschäftigt. Sie wissen ja selbst, aus Ihrer aktiven Zeit: Spurensicherung! Im Arztzimmer, in der Wohnung des Černý und auf dem Weg von der Klinik zum See. Haben Sie das Foto, das Sie von der Schubkarrenspur gemacht haben, noch auf Ihrem Handy?“

Max konnte sich nicht erinnern, beim Verhör etwas von dem Foto gesagt zu haben. Aber gestern war er wohl noch ziemlich draamhappert (schlaftrunken) gewesen, nach dieser Ladung an Betäubungsmitteln, die ihm der Černý verpasst hatte.

„Und die Jacke des Ryba, von der Sie beim allerersten Verhör gesprochen haben, die sollten Sie auch mitbringen. Wir haben Spürhunde dabei. Volles Programm. Ich rufe Sie dann an, wenn ich ein halbes Stünderl Zeit habe für Ihre Vernehmung. Ziehen Sie sich bitte gute Schuhe an, Sie sollen uns den Platz zeigen, an dem Sie die Spuren gefunden haben."

„Und das Boot. Ich habe doch auch ein unvertäutes Boot gesehen, das mir verdächtig vorgekommen ist, am Tag nach dem Sturmerlebnis. Das zeige ich Ihnen auch."

Max hatte eine Vorahnung: „Wenn´s noch da ist."

Der Max verspürte ein Kribbeln in seinem Kopf. Was hatte die Gestifterlte angesagt? Volles Programm! Wie in den alten Zeiten. Da würde er heute nicht viel zum Schlafen kommen. Unter die vielen Neugierigen mischen wollte er sich natürlich nicht, das wäre unter seiner Würde gewesen, aber er hatte ja einen Logenplatz. Vom Fenster seines Zimmers aus konnte man bis zum See hinunterschauen und warten, bis der Anruf der Kollegin Freilinger kam.

Max hatte es sich auf seinem Beobachtungspunkt bequem gemacht. Er telefonierte mit Eva und setzte ihr nochmals und in aller Ruhe die Umstände dieses Kriminalfalls auseinander und vor allem seiner unglückseligen Verwicklung darin, für die er nichts, aber auch gar nichts konnte. Kaum, dass Max Esterl aber das erste Polizeiauto Richtung See fahren sah, unterbrach er schon:

„Also, Eva, freut mich, dass es Dir gut geht. Ich muss aufhören, die Spurensicherung braucht mich, weil ich ihnen zeigen soll, …".

Aufgelegt. Kruminale. Was hätte er denn tun sollen? War das jetzt eine Krise in seiner Beziehung mit der Eva? Natürlich war sie immer schon dagegen gewesen, wenn Max privat ermittelt hatte. Jedes Mal aber hatte sich die Spannung wieder gelegt, alles hatte sich wieder eingerenkt. Seine

Ermittlungen waren ja niemals zum Selbstzweck gewesen, immer hatte Max jemandem helfen können, ja müssen. Auch diesmal war er ohne sein Zutun in einen Fall hineingezogen worden, war niemals selber aktiv geworden.

Naja, ein wenig aktiv war er vielleicht gewesen, musste Max sich gestehen. Als er auf Spurensuche gegangen war und fotografiert hatte, da war er aktiv gewesen. Alles andere, die Drohungen des betrunkenen Ryba, die nächtliche Beobachtung während des Sturms, die Entdeckung des Pepi Holub, als er das Foto des Černý betrachtete: Alles Zufall! Nichts gewollt! Kruminale!

Max überlegte, was er jetzt tun sollte. Er konnte sich nicht erinnern, dass er mit Eva jemals so über Kreuz geraten war. Freilich hatte es in ihrer Ehe auch Krisen gegeben. Aber die waren stets von kurzer Dauer gewesen. Immer hatten sie sich bald wieder versöhnt. Meistens vor dem Schlafengehen. Max konnte es nicht ertragen, neben Eva einzuschlafen, bevor nicht alle Probleme geklärt waren.

Max Esterl griff noch einmal zu seinem Handy.

„Eva, magst mich noch? Ich pack´s nicht, wenn ich den ganzen Sonntag nur an die Streiterei mit dir denken muss."

„Ich hab nicht gestritten, Max, und denken, denken solltest du durchaus einmal. Darüber nachdenken, was du den anderen, die dich vielleicht gern haben, was du den anderen antust mit deinen, deinen kriminalistischen Abenteuern, die du suchst, weil du es nicht lassen kannst, weil sie dich anscheinend zu früh pensioniert haben oder weil dein narzisstisches Ego immer noch eine Bestätigung braucht und noch eine und noch eine.

Und jetzt, Max Esterl, werde ich das Gespräch mit dir beenden und du kannst nachdenken, den ganzen langen Sonntag kannst du nachdenken und ich gehe jetzt auf den Jährlingsschachten oder den Verlorenen Schachten, wo ich gar keinen Handyempfang habe, damit du mich nicht noch einmal anrufen kannst."

Tot! Die Verbindung war unterbrochen. Max wusste, dass er es nicht noch einmal probieren brauchte.

So hatte er Eva noch nicht erlebt. Das würde ihn den ganzen Tag beschäftigen. Max überlegte, wie er Eva wieder versöhnen konnte.

Zum Glück für Max ertönte die Melodie seines Handys. Eva? Hatte sie sich´s doch noch anders überlegt?

Blitzschnell ging Max ran. Ohne Brille konnte er auf dem Display nichts erkennen.

„Ja", meldete er sich voller Hoffnung.

„Freilinger von der Kripo. Herr Esterl, wir sind an der Klinik und bräuchten Sie. Könnten´S vorbeikommen? Sie sind doch eh in der Klinik, oder?"

„In zwei Minuten bin ich bei Ihnen."

„Und bringen Sie bitte Ihr Handy mit wegen dem Foto von der Spur. Und die Jacke vom Ryba, von der Sie damals gesprochen haben. Wir haben doch heute die Spürhunde dabei."

Die Spürhunde! Das machte die Sache noch interessanter. Max war schon immer begeistert gewesen von deren Hochleistungsnasen. Schnell zog er sich einen Pullover über, steckte sein Handy ein und nahm die Jacke vom Ryba vom Garderobenhaken.

Kapitel 23: Schnüffeleien

„Geht es Ihnen wieder gut, nach dem gestrigen Tag?“, war die Begrüßung durch die Kurzgestifterlte.

„Acht Stunden Schlaf, danach ist man wieder wie neugeboren.“

„Dann können wir. Herr Esterl, gestern haben Sie uns ja eigentlich alles gesagt, was wir wissen wollten. Haben Sie dem noch was hinzuzufügen?“

Max wusste beim besten Willen nicht mehr, was er gestern gesagt hatte.

„Dann passt es ja eh. Aber Sie haben was vom Handy gesagt, vorhin am Telefon.“ Max Esterl nestelte sein Handy aus der Hintertasche seiner Hose.

„Ja, genau. Sie hätten uns die Fotos natürlich auch schicken können. Aber jetzt sind Sie ja da. Persönlich.“

Die Beamtin schenkte Max ein kleines Lächeln, während dieser auf seinem Display wischte.

„Hier: Die Spur. Ziemlich gut zu erkennen.“

„Und ziemlich tiefe Eindrücke. Schaut schon so aus, als ob der Karren gut beladen gewesen wäre.“

Eva hätte bei diesem Satz bestimmt ihre Bewunderung ausgedrückt! Wer nahm sich heute noch die Zeit für einen Konjunktiv II? Max seufzte. Ach Eva! Warum erinnerte ihn heute alles an Eva?

„Also, Herr Esterl. Sie zeigen uns jetzt die Stelle, wo Sie den Reifenabdruck gesehen haben und dann den Ort, wo das ungesicherte Boot lag, von dem Sie gesprochen haben.“

Max führte die Kriminalpolizistin zu der Stelle, an der er die Spur fotografiert hatte. Natürlich war nichts mehr zu sehen. Dann gingen sie weiter zum Boot. Auch hier war nichts mehr zu sehen. Das Boot war weg! Wenn nicht der

Pfahl dort gewesen wäre, an dem das Boot vertäut lag, dann hätte man meinen können...

„Hier war das Boot. Das war bis vor kurzem noch da. Vertäut. Am Tag nach der Sturmnacht war es lose, aber dann hat es irgendjemand wieder festgemacht. Und jetzt?"

Max deutete auf die Stelle, wo das Boot gelegen hatte.

„Darum müssen wir uns kümmern. Die Spurensicherung." Die Polizistin überlegte. „Sie wissen vermutlich auch nicht, wem der Bootsanlegeplatz gehört?"

„Wahrscheinlich privat. Aber der Braxei wird das sicher wissen."

„Der was?"

„Ach ja, der Fischer dort vorne, der kennt sich aus hier, den können Sie fragen."

Die Beamtin nickte anerkennend.

„Sie sind ja direkt eine Hilfe, Herr Esterl. Sie denken mit. Danke. Man merkt schon, dass Sie vom Fach sind."

Max fühlte sich ein wenig geschmeichelt.

„Na ja, alles verlernt man ja auch nicht."

Woher wusste die schön langsam immer sympathischer wirkende Polizistin, dass er ein Ex-Kriminaler war?

Als die beiden die kurze Wegstrecke zur Klinik zurückgingen, sahen sie, wie einer der Spürhundeführer seinen vierbeinigen Riechdetektiv von der Leine ließ.

„Das ist der, der den Spuren vom Ryba folgen soll. Der Geruch von der Jacke hat ihn auf den Weg gebracht, und jetzt..."

Der Hund, ein Golden Retriever, lief schnurstracks auf den dunkelgrün gestrichenen Geräteschuppen zu, der in etwas Abstand zum Klinikgebäude lag, blieb vor der Garagentür stehen und wedelte mit dem Schwanz.

Die Polizisten schauten erstaunt, aber Max war klar, dass dort in dem Schuppen der Schubkarren stehen musste, mit dem der Ryba abtransportiert worden war.

Der Schuppen wurde geöffnet, der Karren sichergestellt, gleich der Spurensicherung übergeben und der Hund wurde erneut auf die Fährte gesetzt.

Max war gespannt, ob ihn sein weiterer Weg dort hinführen würde, wo das Boot gelegen hatte. Allerdings tat sich der Spürhund sehr schwer. Er stoppte immer wieder, schnüffelte dahin und schnüffelte dorthin. Kein Wunder! Der Ryba war ja im Karren gelegen und sein Mörder hatte ihn schon vor einigen Tagen durch Sturm und Regen hierhin transportiert.

Der Hund blieb schließlich tatsächlich dort stehen, wo das Boot einmal gelegen hatte, setzte sich, wedelte mit seinem Schwanz und wartete auf seine Belohnung.

Kruminale! Alle Achtung! Der Spürhund hatte seine Belohnung wirklich verdient.

Die kurzhaarige Polizistin und Max Esterl nickten sich zu. Die Sache war klar und es brauchte keine Worte: Der Ryba war hierher transportiert worden.

Trotzdem hatte Max Esterl einen Einwand: „Möglich wäre es aber auch, dass er selber zu Fuß auf einem Spaziergang hier gegangen sein könnte."

„Daran habe ich auch schon gedacht, Max, aber glaubst du, dass er dann den Umweg über den Geräteschuppen genommen hätte?"

Max Esterl kam sich vor, wie früher, in alten Zeiten.

Die Kollegin nahm ihn ernst. Und sie hatte ihn geduzt. Wie selbstverständlich war ihr das kollegiale „Du" über die Lippen gekommen.

Wie war doch noch der Name der Kurzhaarigen? Emma? Lydia? Tina? Irgendwas mit „a" hinten, aber mehr fiel dem

Max nicht ein. Kruminale! Kaum hatte er ein Erfolgserlebnis, wurde er auch gleich schon wieder mit der bitteren Realität konfrontiert: Sein Gedächtnis war wie ein Sieb. Hatte da vielleicht auch die Droge mit Schuld, die ihm der Černý verabreicht hatte?

Während der Ex-Kommissar noch sein Hirn marterte, hatte die Kollegin einen Anruf auf ihr Handy bekommen.

„Freilinger."

Ihren Nachnamen wusste er jetzt schon. Immerhin!

Aus dem Gespräch konnte Max Esterl entnehmen, dass die Fahndung nach dem Černý bisher erfolglos war.

Freilinger. Jetzt kam die Erinnerung wieder. Die Freilinger hatte einen Vornamen genannt, der genau zu ihrem Nachnamen passte.

Fritzi? Franziska? Elfriede? Elfriede?? Genau! Frieda Freilinger. So hatte sie sich vorgestellt. Es war schon schlimm! Wie sollte Max da überhaupt zu den wichtigen Dingen kommen, wenn er so viel Zeit mit solchen Erinnerungslücken verplempern musste. Andauernd war er auf der Suche: Nach Brillen, nach seinem Handy, nach Namen, nach Wörtern.

„Gleich probieren wir es mit dem anderen Suchhund."

Die Stimme der Frieda riss Max aus seinen Gedanken.

„Der Ryba-Hund braucht erst mal seine Ruhe. Jetzt ist der Černý-Hund dran. Der wird uns zeigen, ob es der Herr Doktor war, der mit seinem Patienten Schubkarren gefahren ist."

Der auf den Černý angesetzte Schäferhund musste erst mit dem Geruch des Gesuchten vertraut gemacht werden, bevor er auf die Spur gesetzt wurde.

Als Geruchsobjekt hatte man dem Hundeführer den Arztkittel des Flüchtigen gegeben. Kaum hatte der Spürhund seine Nase in den weißen Stoff des Kleidungsstücks versenkt, da wollte er sofort losziehen. Der Hundeführer war nicht auf so eine heftige Reaktion gefasst. Er hielt den Schäferhund an der Leine, schaffte es aber kaum, ihn zu bändigen. Die Spur musste ganz kräftig sein. Alle Herumstehenden schauten gebannt auf den Spürhund, der sich wie wild gebärdete, abwechselnd bellte und winselte und seinen Führer hinter sich herzog.

„Diese Spur ist deutlich, da gibt es keinen Zweifel wie beim Ryba", wandte sich die Kollegin an Max. „Da zieht er wie verrückt."

Der Spürhund zerrte seinen Hundeführer, der ihm eiligst folgte, buchstäblich an der Leine mit, aber nicht in die Richtung, die alle vermutet hatten. Nicht in Richtung See zog der Hund, sondern in Richtung Max Esterl.

In rasender Geschwindigkeit bewegte sich der jaulende, japsende Hund, der sein Maul weit offen und die Zunge herausgestreckt hatte…

…direkt auf Max Esterl zu.

Der Hundeführer vermochte nicht mehr, ihn zurückzuhalten.

Als er den völlig verdutzten und vor Überraschung bewegungslosen Ex-Kommissar erreicht hatte, hörte man einen Aufschrei aus der Menge der Gaffer, die sich inzwischen angesammelt hatte.

War der Esterl der Mörder?

Wollte ihn der Hund anfallen, weil dieser in ihm den Verbrecher erkannt hatte?

Unter Aufbietung aller seiner Kräfte zog der Hundeführer nochmals so kräftig er konnte an der zum Zerreißen gespannten Leine und schrie „Stopp!! Sitz!!"

Das wirkte. Max Esterl hatte aber eher den Eindruck, dass der Suchhund sein Ziel erreicht hatte: Er stand vor dem Ex-Kommissar, hatte seine Vordertatzen auf Esterls Knie gestemmt und…

…schnüffelte an dessen Hosentürl!

Kruminale. Der Max traute sich nicht zu rühren. Wenn der Hund an dieser Stelle, genau dieser Stelle zubiss?

„Wie soll ich das dann meiner Eva erklären?“, schoss es ihm durch den Kopf.

Aber der Hund wollte nicht zubeißen. Er wedelte fröhlich mit seinem Schwanz, legte seinen Kopf auf die Seite und sah zu seinem Herrchen hin, als ob er ein dickes Lob erwarten würde.

„Sitz!“, kam der ultimative Befehl, dem ein deutscher Schäferhund natürlich Folge zu leisten hat.

Der Hund ließ vom Max ab, zog seinen Schwanz ein und setzte sich brav zu den Füßen seines Herrn.

Alle Umstehenden waren konsterniert, alle schwiegen oder flüsterten sich leise ihre Vermutungen über die sensationelle Wendung in diesem Kriminalfall zu.

In die Stille hinein hörte man ein Kichern, ein Lachen, ein Prusten. Eine weibliche Stimme war das, und kurz danach stimmte eine Männerstimme mit in die Lachorgie ein.

Frieda Freilinger und Max Esterl bogen sich vor Lachen und mussten sich gegenseitig stützen, dass sie nicht den Halt verloren und umkippten.

„Ich kann nimmer“, seufzte die Frieda nach einiger Zeit immer noch lachend und setzte, zu den umstehenden, ratlos und aus ziemlich dummen Gesichtern grinsenden Polizisten und Gaffern gewandt hinzu:

„Max, erklär´s du ihnen. Ich bring´s nicht fertig.“

Max Esterl hatte sich wieder einigermaßen gefangen und klärte die umstehenden Polizisten und den Hundeführer über die „sensationelle Wendung" auf.

„Ihr habt den Arztkittel vom Verdächtigen verwendet, um dem Hund auf die Spur zu helfen. Aber ihr habt nicht gewusst, dass ich die ganze Zeit in dem Kittel gesteckt habe."

Die Frieda fügte, immer noch lachend, hinzu: „Und es könnt sein, dass der Herr Esterl, er ist unser Hauptzeuge und nicht unser Verdächtiger, in dem Arztkittel ein paar Tröpferl Urin hinterlassen hat. Und die haben den Hund auf seine Spur geführt bis hin an den Ursprung des Tröpferls und nicht auf die Spur des Täters."

„Und der Hund hat genau gerochen, wo die Tröpferl hergekommen sind. Aus meinem Hosentürl."

Nach diesem Geständnis lachten viele der Zuschauer. Die einen verständnisvoll, die anderen schadenfreudig.

Max Esterl brachte das Publikum mit einer Handbewegung zum Schweigen: „Es sind mir schon manche auf den Sack gegangen, aber…" „…ein Spürhund war noch nicht dabei!" beendete Frieda fröhlich seinen Satz. Und setzte hinzu: „Jetzt brauch ma an neuen Hund. Der hier rennt bestimmt den ganzen Tag nur noch dem Max hinterher."

Der Ersatzhund musste aus Rosenheim geholt werden, das dauerte einige Zeit. Max lud Frieda auf einen Kaffee in die Klinik ein.

Die beiden unterhielten sich ausgezeichnet und Max musste der Frieda erzählen, wo er in München überall Dienst geschoben hatte.

„Und wie macht Ihr weiter?"

Max war neugierig, welche Ermittlungsschritte die Frieda als nächstes gehen würde.

„Jetzt erst mal Beweissicherung. Bestimmt finden wir im Arztzimmer noch ein Kleidungsstück, das der Černý nicht mit anderen geteilt hatte." Erneut begann Frieda zu lachen.

„Und dann natürlich: Fahndung, Fahndung, Fahndung! Und Verhöre beim Personal. Hat der Černý dort Freunde gehabt? Mitwisser? Helfer?"

„Da könnt ich dir einen Tipp geben, Frieda. Meine Tischkollegin, die Irmi, hat mir das erzählt und die hat das wiederum von ihrer Freundin, der Elfi Zieglmeier. Irmis Masseurin und Informantin. Die Zieglmeierin weiß alles."

Frieda grinste. „Und der Herr Esterl, der weiß natürlich auch alles. Schieß los, Esterl, oder muss ich dich foltern?"

Die Frieda tat so, als ob sie die Kaffeetasse vom Max ausschütten würde. „Der Entzug von Suchtmitteln ist eine von den schlimmsten Methoden!"

Max ließ sich nicht lange bitten.

„Es gibt da eine, Mandy heißt sie. Ihr Nachname fällt mir jetzt gerade nicht ein. Irgendein typisch preußischer Name, Pimke, Lemke oder so ähnlich, aus Düsseldorf kommt sie angeblich. Die apart Hübsche an der Rezeption, vielleicht hast du sie auch schon bemerkt oder mit ihr gesprochen. Die, so sagt meine Freundin, die Irmi, soll, so sagt der Irmi ihre Freundin, die Elfi, ein Verhältnis mit dem Černý haben.

Da müsst ihr ansetzen! Ist die noch in der Arbeit und hat gerade frei oder ist die mit dem Černý schon auf dem Flug an die Copacabana? Vielleicht kriegt ihr Hinweise aus ihrem Umfeld. Hat sie gerne mit den Kolleginnen geplaudert oder bei ihnen mit ihrer Eroberung angegeben? Die Mandy Piefke ist ein todsicherer Tipp."

Max Esterl merkte, dass er nahe daran war, der Frieda Anweisungen zu geben.

„Entschuldige, Frieda, ich wollte dir natürlich nicht dreinreden. Ich alter Depp kann es immer noch nicht lassen."

Die Frieda legte ihre Hand auf die vom Max und blinzelte ihm zu.

„Mit dir hätte ich gern zusammengearbeitet, Kollege Max. Schade, dass du nicht vierzig Jahre jünger bist."

Das saß! Kruminale! Jetzt waren es schon vierzig Jahre. Bisher hatte es bei solchen Gelegenheiten immer „zwanzig Jahre jünger" geheißen.

Der neue Spürbeamte, wieder ein Deutscher Schäferhund, wurde auf ein Hemd des Černý angesetzt, das man auf einem Kleiderbügel in seinem Dienstzimmer gefunden hatte.

Diesmal funktionierte die Suche problemlos: Der Hund nahm die Spur auf und führte die gespannt folgenden Polizisten zuerst an die Stelle, an der Dr. Černý dem Max Esterl begegnet war und ihn beim Fotografieren ertappt hatte. „Klar!" Max wandte sich der Frieda zu. „Das ist die jüngere Spur. Das war später. Als wir uns nach dem großen Regen begegnet sind, zwei Tage nach der Tat. Ich habe hier die Schubkarrenspur fotografiert und der Černý hat mich dabei gesehen. Mag sein, dass er da schon irgendeinen Verdacht gegen mich geschöpft hat. Ab jetzt wird es bestimmt schwieriger für den Spurensucher."

Aber der Schäferhund schnüffelte sich den Weg entlang, schnüffelte Richtung Bootssteg und stoppte genau an der Stelle, wo das Boot gelegen hatte. Bis vor kurzer Zeit gelegen hatte.

Der Hund wedelte freudig mit dem Schwanz, bekam seine Belohnung, aber: Das Boot war nicht mehr da! Kruminale!

War der Černý mit dem Boot geflüchtet? Mit einem Ruderboot nach Acapulco? Diese Idee war lächerlich und

Max verwarf sie sofort. In erster Linie ging es um den Beweis dafür, dass der Černý hier am Boot gewesen war und den Ryba damit transportiert hatte.

„Das Boot ist weg, Frieda! Die ganze Woche hat es da gelegen."

„Ja, schade, Max. Unsere Leute haben recherchiert, dass das Ruderboot und die beiden kleinen Jollen rechts daneben der Kurklinik gehören. Das ist ein weiteres Indiz. Der Černý hatte Zugang dazu. Nur blöd, dass unsere Spurensicherer das Boot nicht untersuchen können. Die hätten bestimmt irgendwelche Partikel vom Ryba gefunden. Beim Schubkarren waren sie übrigens schon erfolgreich. Der Ryba lag da drin. Eindeutig!"

Die Ermittlerin befreite ihre Hände von den Plastikhandschuhen, die sie aus alter Gewohnheit schon bei Beginn der Suche übergestreift hatte und sagte zu ihrem Ex-Kollegen Max:

„Da sind wir im Moment fertig. Jetzt ist die Freundin vom Černý dran."

„Die Mandy Patzke."

„Ja, genau. Die Mandy Klimke. Die Kollegen haben mir ihre Adresse aufs Handy geschickt. Magst mitfahren? In Rimsting wohnt sie. Ist nicht so weit. Immer am See entlang. Bis zum Abendessen bist du wieder da."

Max nahm die Einladung gern an. Da hatte man ihm immer erzählt, die Wochenenden in der Klinik seien langweilig!

Friedas Dienst-BMW schaffte die Strecke nach Rimsting in weniger als einer halben Stunde. Nur das kurze Autobahnstück von Felden zur Ausfahrt Richtung Prien war durch den sonntäglichen Rückreiseverkehr aus Österreich etwas überlastet. Danach aber ging es flott. Auch die Durchfahrt durch das Städtchen Prien machte keine Probleme.

Die Mandy Klimke wohnte in einem unauffälligen Reihenhaus.

Auf Friedas Klingeln rührte sich zunächst gar nichts. Erst als sie den Klingelknopf immer und immer wieder drückte, ertönte eine undeutliche Frauenstimme aus dem Lautsprecher der Gegensprechanlage.

„Klimke."

Friedas Stimme wurde amtlich.

„Hier ist die Polizei. Bitte lassen Sie uns rein."

Eine völlig aufgelöste, verweinte und unfrisierte Mandy Klimke öffnete die Tür.

Max Esterl hätte sie auf den ersten Blick fast nicht erkannt.

„Ist was mit dem…?", waren Mandys erste Worte, dann biss sie sich auf die Zunge.

„Frieda Freilinger, Kripo Rosenheim", stellte sich Esterls neue Freundin vor. „Und das ist…"

„Sind Sie jetzt doch von der Polizei, Herr, Herr…"

Max stellte fest, dass auch wesentlich jüngere Menschen Wortfindungsprobleme hatten.

Frieda überhörte Mandys Frage.

„Dürfen wir reinkommen?"

Die vorgestern noch so adrette Frau Klimke bot ein Bild des Elends, als sie voran in ihr Wohnzimmer ging.

Frieda Freilinger kam gleich zur Sache:

„Frau Klimke. Wir ermitteln gegen den Herrn Dr. Černý, Ihren Chef. Man hat uns gesagt, dass Sie mit ihm näher bekannt sind."

Die Rezeptionistin antwortete nicht.

„Haben Sie ein Verhältnis mit dem Dr. Černý?"

Jetzt brach es aus der Klimke heraus:

„Was ist mit ihm? Er hat mir doch versprochen, dass er mich mitnimmt."

„Wohin mitnimmt? Wohin wollte Dr. Černý Sie mitnehmen. Und warum wollte er weg? Was wissen Sie, Frau Klimke?"

Die Stimme der Polizistin wurde ein wenig härter:

„Was ist mit Ihrem Kurgast, dem Herrn Ryba geschehen? Wir wissen, dass er nicht aus der Klinik ausgecheckt hat. Haben Sie dabei geholfen, sein Verschwinden zu verschleiern? Haben Sie dabei geholfen, ihn verschwinden zu lassen?"

Die Rezeptionistin schwieg.

„Frau Klimke, der Dr. Černý hat nicht nur den Herrn Ryba verschwinden lassen, sondern auch seinen Patienten, den Herrn Esterl", Frieda deutete auf Max, „betäubt und im Arztzimmer eingesperrt. Was haben Sie davon mitbekommen? Sie müssen etwas gewusst haben, denn Sie haben ihn gedeckt. Und jetzt ist er flüchtig. Wissen Sie, wo er sein könnte?"

„Ich hab doch keine Ahnung wo er ist. Ich warte selbst schon seit gestern auf einen Anruf von ihm. Aber er meldet sich nicht."

Mandy Klimke begann zu weinen.

„Frau Klimke, der Dr. Černý ist flüchtig. Und er hat Sie nicht mitgenommen, er hat Sie sitzengelassen. Ist es nicht an der Zeit, dass Sie uns erzählen, was Sie wissen? Wir kriegen eh alles raus, aber Sie können uns helfen."

Die Rezeptionsdame saß in ihrem Wohnzimmerstuhl und hatte ihr Gesicht vor Verzweiflung in einem Kissen vergraben. Ein Weinkrampf nach dem anderen schüttelte ihren schmalen Körper.

Max konnte sich vorstellen, was in ihr vorging. Ihre schönen Träume waren zerplatzt.

Frieda legte ihr die Hand auf die Schulter und sagte nichts.

Nach einiger Zeit beruhigte sich die Klimke etwas. Sie gab sich einen Ruck, hob den Kopf und begann zu sprechen. Erst langsam, dann immer schneller, schließlich hatte Max das Gefühl, sie wolle alles loswerden.

„Der Zdeněk, der Dr. Černý, der hat mir versprochen, dass er mich mitnimmt. Wohin, das hat er nicht gesagt. Das war sein großes Geheimnis. Wir hatten doch so eine schöne Zeit zusammen. Sie können sich gar nicht vorstellen, was der Zdeněk für ein Gentleman ist. Er hat mich ausgeführt, ist mit mir in den Urlaub gefahren. Ja gut, einmal sind wir gefahren, nach Österreich. So lange kenne ich ihn ja noch nicht. Aber das wollten wir alles nachholen. Und jetzt?"

Mandy schien wieder in ihre Erinnerungen zu verfallen, himferzte mehrmals in sich hinein und sagte lange Zeit nichts mehr.

Max Esterl wollte schon intervenieren, aber Frieda legte den Zeigefinger auf ihre Lippen und schüttelte leicht ihren Kopf.

Nach langen Sekunden berappelte sich die Rezeptionisten wieder:

„Er hat nur noch auf einen Kurier gewartet, aus Prag. Dort war der Zdeněk mal eine große Nummer, hat er erzählt. Aber die haben ihm sein Patent gestohlen. Er hat einen Corona-Test entwickelt. Einen Test, der sicher und billig war, aber seine Kollegen haben ihn hintergangen, ihn bei der Polizei angeschwärzt und er musste verschwinden. Nicht einmal das Geld, das er von seiner Firma damals als Anzahlung bekommen hatte, konnte er mitnehmen."

Frieda und Max verständigten sich mit einem Blick. Das also war die Story gewesen, die der Černý seiner Geliebten aufgetischt hatte: Lauter Viertel- oder höchstens Halbwahrheiten.

Während Max noch darüber nachdachte, wie gut die Frieda und er schon nach kürzester Zeit als Team funktionierten, brach Mandy Klimke erneut ihr Schweigen: „Seit gestern Abend kann ich ihn nicht mehr erreichen. Da hat er mich noch angerufen, dass der Kurier aus Prag sich verspätet hat und ich warten soll. Dann habe ich gewartet und am Samstag angerufen und am Sonntag. Andauernd. Er geht nicht an sein Handy.

Er hat auf das Geld gewartet. Und auf neue Papiere, hat er mir gesagt. Warum geht er dann nicht ran, wenn ich anrufe?"

„Wissen Sie, wie groß die Summe war, die er erwartete?"

„Und wer genau das Geld überbringen sollte?", setzte Max Esterl hinzu.

„Die Summe kenne ich nicht, keine Ahnung, aber es hätte gereicht für eine neue Existenz, hat der Zdeněk gesagt. Das Geld sollte ein Bote übergeben. Irgendein Bekannter oder Freund aus Prag. Ich weiß ja nichts von seinen früheren Freunden. Ich habe den Zdeněk ja erst hier in der Klinik kennengelernt."

Frieda beschloss, die Vernehmung zu beenden. Hier war nichts mehr zu holen.

„Frau Klimke, in den nächsten Tagen müssen Sie Ihre Aussagen noch bestätigen. Halten Sie sich bitte zu unserer Verfügung und verreisen Sie nicht."

In Mandys Gesicht zeigte sich ein bitterer Zug.

„Wo soll ich denn hin, ohne den Zdeněk? Ich traue mich ja nicht einmal mehr zur Arbeit in die Klinik."

Frieda und Max verabschiedeten sich von der Rezeptionistin und überließen sie ihrer Einsamkeit.

Während der Rückfahrt nach Bernau schaute Max Esterl hinaus auf den Chiemsee, der im Licht der untergehenden Sonne eine wunderschön-unwirkliche Färbung angenommen hatte. Nur einige Segelboote trieben noch auf dem Wasser, im Hintergrund türmte sich die Kette der Berge, die voll im Abendsonnenlicht leuchteten.

Hochfelln-Hochgern-Hochplatte-Kampenwand. Heute funktionierte die Aufzählung. Er konnte sich doch noch was merken. Nur mit dem Namen von dieser Mandy Paschke tat er sich so schwer.

Als die Frieda Freilinger den Max Esterl am Eingang zur Klinik ablieferte, war ihnen beiden, als hätten sie schon Jahre zusammengearbeitet.

„Noch was, Max, bevor ich es vergesse. Du sollst gleich am Montagmorgen zum Arzt."

„Den gibt es ja gar nicht mehr. Der ist doch über alle Berge."

„Nein, zum Nachfolger oder Vertreter vom Dr. Černý sollst du. Wir haben in der Eile versäumt, dir eine Blutprobe zu nehmen. Unsere Spurensicherer haben zwar im Arztzimmer das Medikament gefunden, das der Černý dir gespritzt hat, aber sicher ist sicher. Du sollst doch keine Langzeitfolgen davontragen."

Max brummte was von „ziemlich spät dran", aber Frieda lachte: „Wenn wir dir das Blut noch am selben Abend gezapft hätten, dann wäre der Alkohol in deinem Blut so dominierend gewesen, dass man das Betäubungsmittel kaum feststellen hätte können."

„Hast auch wieder recht, Frieda.“

„Einen guten Abend wünsch ich dir. Und schlaf gut, Max. Mal sehen, ob wir ihn nicht schon morgen erwischt haben, den Černý.“

Auch Max Esterl wünschte seiner neuen Kollegin einen guten Schlaf. Er schaute noch zu, wie ihr Dienst-BMW Richtung Autobahn fuhr und lenkte dann seine Schritte zum Braxei.

Zwei Halbe Bier und ein Steckerlfisch würden ihm jetzt gut tun.

Vorher aber setzte er sich noch auf eine der Ruhebänke, die den Weg zum See säumten.

Hoffentlich ging Eva jetzt ans Telefon. Wenn der Friede wiederhergestellt wäre, würde ihm der Steckerlfisch zweimal so gut schmecken.

Statt der avisierten zwei trank Max Esterl an diesem Abend beim Braxei drei Halbe Bier. Die Eva war wieder ans Telefon gegangen.

Zum Glück war sie am Nachmittag mit dem Radl zum Hochschachten gefahren und zu Fuß dann hinüber zum Kohlschachten gewandert, danach über den Latschensee zurück zum Hochschachten und mit dem Rad wieder talwärts, vorbei am Frauenauer Trinkwassersee und dann heimwärts. Nach so einer Tour konnte seine Frau nicht anders, als sich zu versöhnen, und so war das Telefongespräch mit einer heißen Liebeserklärung vom Max zu Ende gegangen und mit seinem Versprechen, sich in nichts mehr einzumischen und sich nur noch um seine Gesundheit zu kümmern.

Mit den drei Halben Bier und dem Fisch beim Braxei meinte Max, genug für seine Gesundheit getan zu haben.

„Anfang der Woche geht´s no net, Max, aber am Donnerstag fahrma ausse“, rief ihm der Braxei noch nach, als er Richtung Klinik aufbrach, bis dahin miassadsn scho blaht ham. Richt dich drauf ein. Um Viere in der Fruah bist da.“

Kapitel 24: Montag. Rätsel

Am Montagvormittag, gleich nach dem Frühstück, ging Max Esterl zur Rezeption, um sich seinen Wochenplan abzuholen.

Für Donnerstagmorgen war nur eine Einheit eingetragen: Ergotherapie. Max bat darum, die Einheit auf einen anderen Tag zu verlegen.

„Kein Problem, morgen kriegen Sie ihren Ersatzplan", sagte die Reserverezeptionistin. „Herr Esterl, haben wir am Donnerstag etwa wieder kriminalistisch zu tun? Wie schaffen Sie das nur, die Kur und gleichzeitig den Dienst?"

Das hätte Eva nicht hören dürfen. Kruminale! „Die Kur und gleichzeitig den Dienst!"

„Sie müssen das anders sehen, gnä Frau", antwortete Max Esterl mit ausgesucht altmodischer Höflichkeit, „ich darf während meines Dienstes eine Kur machen!"

„Einmalig", hörte Max die überraschte Empfangsdame noch sagen, während er schon auf das Ersatzarztzimmer zusteuerte, „bei der Polizei müsste man sein."

Die Untersuchung beim Arzt, einem jungen Mann mit rumänischem Namen, dauerte nicht lang. In erster Linie wollte der Karpatenvampir Esterls Blut. In zwei Tagen bekomme er das Ergebnis, welches Betäubungsmittel der Černý verwendet hatte, verriet ihm der Černý-Ersatz.

Max wusste von Frieda, dass die Spurensicherer schon längst eine leere Ampulle des Mittels in einem Abfalleimer des Arztzimmers sichergestellt hatten. Aber Max wollte kein Spielverderber sein und hielt seinen Arm hin.

Nach der ersten Einheit, einer Massage beim Strohmeier, bei der Max Esterl das Gefühl hatte, zuerst in alle Einzelteile zerlegt und danach wieder zusammengesetzt zu werden, fühlte er sich erholt und fit. Fit genug für einen kleinen Lauf. Sein Weg führte Max in ein Landschaftsschutzgebiet, das westlich der Klinik lag. Er lief durch sumpfige Wiesen, die offenbar landwirtschaftlich genutzt wurden, dann führte der Weg mitten durch einen Schilfgürtel, über einen Bach und dann wieder durch Feuchtwiesen, auf denen Teppiche von dunkelblauen Sibirischen Schwertlilien blühten, so dicht und so farbig, wie Max es überhaupt noch nie in seinem Leben gesehen hatte. Max blieb stehen und betrachtete das Bild dieser Blumenwiese. Von einer Nachbarwiese, die der Bauer schon das erste Mal in diesem Jahr gemäht hatte, wehte würziger Heuduft herüber, Insekten summten, alles war perfekt. Eine geradezu traumhafte, fast schon kitschige Idylle.

„Das ist das Gegenprogramm", dachte Max, während er sich auf eine Ruhebank setzte, „und es ist gut, dass es das auch gibt und nicht nur die Černýs auf dieser Welt." Auch der Ryba passte nicht in diese Idylle. Irgendwie hatte er den Černý ja erpresst und das war ihm zum Verhängnis geworden.

Max war gespannt, was der Černý sagen würde, wenn er der Interpol oder wem auch immer in die Hände fiel. Hatte der Geldbote den Doktor tatsächlich hängen lassen, oder war das nur ein Vorwand gewesen, um die Mandy Klitschke loszuwerden?

Brannte dem Černý etwa schon die Sonne am Strand der Copacabana oder auf den Seychellen oder in Thailand auf den Rücken?

So wie ihm, dem Max. Der Ex-Kommissar bedauerte, keinen Hut aufgesetzt zu haben. Wenn er noch eine Viertelstunde so dasaß, hatte er den schönsten Sonnenbrand auf seiner Platte. Max stand auf, kramte sein noch halbwegs weißes Taschentuch aus der Hosentasche, drapierte es über seine Glatze und machte sich auf den Weg zurück zur Klinik.

Die bunten Wiesen hatten ihren Zauber verloren.

Als er zur Klinik zurückkam, holte den Ex-Kommissar die Realität endgültig ein. Die Frieda Freilinger mit ihrem Team war schon wieder am Werk. Der Schuppen, in dem der Karren gestanden hatte, wurde nochmals genauer untersucht.

Die Frieda begrüßte den Max wie einen alten Bekannten.

„Der Schuppen da ist jetzt noch zum Untersuchen dran, und dann die Wohnung vom Černý in der Ortschaft." Frieda deutete in die Richtung, aus der man den weißen Turm der Bernauer Kirche herüberspitzen sah.

„Die Wohnung haben wir bisher nur oberflächlich durchsucht." Frieda zuckte die Achseln. „Zu wenig Personal. War das zu deiner Zeit auch schon so?"

Max nickte: „Schon, aber nicht so schlimm wie heute."

Frieda legte ihren Arm um die Schulter vom Max:

„Und die besten Leut hams in Pension geschickt!"

Die Frieda war eine tolle Frau, fand Max.

„Ah geh, Frieda, du bist selber die beste, du brauchst dich vor niemandem verstecken!"

Und ihre Stifterlhaare, fand Max, passten wunderbar zu ihr. Das aber sagte Max der Frieda nicht. Seit den Me too-Aktionen hatte er es sich abgewöhnt, Komplimente an Frauen zu verteilen.

Außer an Eva und die Bedienung vom Bräustüberl. Die wussten bei ihm, woran sie waren. Und die dankten es ihm. Schade, fand Max, dass die eigentlich zwar längst schon überfällige Me too-Bewegung solche moralistischen Überreaktionen ausgelöst hatte.

„Habt ihr den Černý schon?"

„Keine Spur. Vielleicht finden wir in seiner Wohnung einen Hinweis. Aber die Kollegen dort sind noch nicht so weit. Erst gegen Mittag, haben sie gesagt."

Wie selbstverständlich fügte Frieda hinzu: „Du kannst mich nach dem Essen auf eine Tasse Kaffee in eurem Klinikstüberl einladen, dann weiß ich schon mehr."

„Servus, Frieda, bis heut Mittag. Um halb eins bin ich fertig mit dem Essen."

Voll Freude über diesen Vertrauensbeweis der Kollegin eilte der Patient Esterl zu seinem nächsten Termin: Gymnastik.

Die Gymnastikdomina wunderte sich, mit welchem Elan der Patient Esterl heute an die Sache heranging. Da hatte ihre Strenge doch etwas gebracht. Sie wusste eben, wie man die Kunden behandeln musste. Und bei dem hier schadete die härtere Gangart auf keinen Fall. Von der Polizei war er, hatte man gesagt, dann war er ja den Kommandoton gewohnt.

Pünktlich um halb eins saß Max Esterl im Klinikstüberl und wartete auf seine Kollegin, die fünf Minuten später ein wenig abgehetzt durch die Tür kam.

„Entschuldige, Max, hat doch etwas länger gedauert. Ich hab noch nicht mal was gegessen."

„Kein Problem!" Max stand auf und bot Frieda einen Stuhl an. „Bestell dir doch ein Stück Kuchen. Der Kirschstreusel hier soll recht gut sein."

Nachdem die beiden bestellt hatten und die Polizistin sich überzeugt hatte, dass die Plätze direkt neben ihnen nicht besetzt waren, begann sie zu berichten.

„Stell dir vor, Max, wir haben in der Wohnung vom Černý einen Koffer gefunden, der dem Ryba gehört. Der Černý hat offenbar, nachdem er den Ryba um die Ecke gebracht hat, heimlich dessen Sachen aus seinem Zimmer geschafft und bei sich daheim versteckt. Das ist ein klarer Beweis."

Max nickte zustimmend: „Gratuliere!"

„Was wir aber noch gefunden haben, gibt uns einige Rätsel auf."

Max blickte seine Kollegin fragend an.

„Rätsel, sagst du?"

„In der Wohnung vom Černý haben wir eine offene Reisetasche gefunden. Seine Tasche. Halb gepackt. Daneben lagen zwei Flugtickets nach Paraguay. Das ist doch mysteriös, oder? Er ist nicht da, aber seine Tickets."

„Sein Auto?"

„Stand in der Garage. Offenbar schon einige Tage nicht benutzt."

Erneut blickte Max fragend.

„Der Černý ging zu Fuß zur Arbeit, hat man uns an der Klinik gesagt."

Max fand es super, wie die Freilinger ihm die Bälle sofort zurückspielte, ohne dass er etwas sagen musste. Sie wären wirklich ein gutes Team gewesen.

„Wir haben mehrere Theorien zum Verschwinden Černýs:

Erstens. Dem Černý ist etwas dazwischengekommen. Zum Beispiel der Bote aus Prag, von dem die Mandy gesprochen hat. Der hat ihn versetzt und nichts geliefert.

Zweitens. Vielleicht hat ihn dieser Bote aber auch irgendwohin gebracht, um die Spuren zu verwischen und die Flugtickets hat der Černý nur dort drapiert, um uns zu täuschen. In wenigen Stunden bist du von hier in Amsterdam, in Bologna, in Wien und dann in Bratislava, werweißwo.

Drittens ist, zugegeben, eine wilde Vermutung: Der Černý ist zurück nach Prag, um dort noch ausstehendes Geld zu kassieren.

Der Černý hat schon einmal die Polizei gelinkt, dem würde ich alles zutrauen."

Frieda sah auf, weil sich die Bedienung mit ihrem Kuchen und den zwei Tassen Kaffee näherte.

„Vielleicht gibt es auch noch viertens, fünftens und sechstens."

Das hatte die Bedienung hören dürfen. Gut gemacht, Frieda!

Als sie schon beim Kirschstreuselkuchen war, fiel Frieda noch etwas ein. Sie lachte: „Die Kollegen von der Spurensicherung haben sich natürlich auch ihre Gedanken gemacht. Die kommen manchmal auf die absurdesten Ideen!"

„Und die wären?"

„Der Černý ist mit dem verschwundenen Ruderboot hinüber zur Herreninsel und hat sich im Königsschloss versteckt. Dort sind genügend ungenutzte Zimmer."

Kapitel 25: Letzte Woche

Nach diesem abenteuerlichen Wochenende zog in der Klinik und bei Max Esterl wieder der Alltag ein.

Die Mandy Kruschke war beurlaubt, der Doktor Černý war schnell ersetzt worden, der Dr. Wimmer hatte noch eine Woche verlängert, weil er jetzt doch einige Fortschritte machte, die Irmi begann schön langsam, sich zu verabschieden. Am Freitag war der letzte Tag ihrer Kur.

Auch Max freute sich schon auf den Freitag: Da hatte sich Eva für das Wochenende angesagt. Am Freitag wollte sie kommen, mit ihm das Ende seines Kuraufenthalts feiern und dann noch das Wochenende dran hängen. Max hatte schon dafür gesorgt, dass in seinem Zimmer ein zweites Bett aufgestellt wurde. Bei der Mandy Watzke hatte er das Bett noch gebucht. War gar nicht so lange her, Kruminale!

Am Sonntagabend würden sie beide wieder heimfahren in den „Woid".

Hoffentlich wollte die Eva nicht das selbe Programm machen wie die Irmi und der Pepi. Obwohl ihm die Schifferlfahrt und die Tour zur Kampenwand gefallen hatten, musste Max Esterl nicht unbedingt wieder das Gleiche machen. Zum Glück hatte Eva bereits verkündet, dass sie ihre Wanderschuhe mitnehmen werde und sich bei Max danach erkundigt, ob er schon wieder in der Lage sei, auf einen Berg zu steigen.

Die Kampenwand zu Fuß bezwingen, das war das Ziel, das sich der Max gesetzt hatte. Das könnte der krönende Abschluss dieses denkwürdigen Kuraufenthalts werden.

Am Mittwoch gab es eine willkommene Abwechslung im gleichförmigen Kuralltag des Max Esterl.

Frieda, seine neue Freundin von der Rosenheimer Kripo, rief an.

„Stell dir vor, Max, was heute morgen passiert ist. Spaziergänger haben das vermisste Ruderboot gefunden."

„Wo?"

„Am Ufer der Herreninsel Auf der Seite, die dem Südufer, also der Kurklinik zugewandt ist. Es war irgendwo zwischen Büschen oder Schilfgras gelandet."

„Und die Spaziergänger hatten nichts Besseres zu tun, als den Fund zu melden? Wer macht denn sowas?"

„Einer von denen ist wohl ein wenig pedantisch. Das war unser Glück. Er hat gewusst, dass das Südufer unter Naturschutz steht und das Anlanden für Boote und Segler verboten ist. Der ist sofort zur Schlossverwaltung und hat Anzeige erstattet."

„Und, habt ihr was im Boot gefunden? Einen Hinweis?"

„Ganz sicher die Fingerabdrücke vom Černý. Aber auch andere Abdrücke. Das Boot ist bestimmt von mehreren Menschen benutzt worden. Stofffetzen haben wir auch gefunden und wahrscheinlich ein paar Fitzelchen von der Plane, mit der die Leiche des Ryba bedeckt war. Aber das wird noch untersucht. Du weißt ja: Das dauert."

Max brummte zustimmend.

„Und noch was, Max. Das Schönste. Die Kollegen von der Spusi lachen sich zu Tode und erzählen es überall an der Dienststelle: Der Černý, sagen sie, ist tatsächlich zur Herreninsel gerudert und spielt seitdem das Schlossgespenst dort. Im weißen Arztkittel. Du hast doch Seeblick von deinem Zimmer aus, Max."

„Ja, und?"

„Stell dir den Wecker und schau rüber zur Geisterstunde. Und ruf schnell an, wenn du ihn siehst." Frieda lachte. „Ruf aber ja nicht bei mir an!"

„Um Mitternacht bin ich heute nicht mehr wach“, brummte Max in seinen Bart, nachdem er das Gespräch mit der Frieda beendet hatte.

Morgen früh um vier Uhr musste er beim Braxei sein. Der blahte Ryba schwamm da rum, irgendwo in den Weiten des Bayerischen Meers! Kruminale!

Den ganzen Mittwoch pfiff Max ein Lied, das er schon als Gymnasiast bei seinem Musiklehrer Buchner gelernt hatte:

„Alle, die mit uns auf Kaperfahrt fahren, müssen Männer mit Bärten sein…“

Kapitel 26: Donnerstag. Fischzug

Es war nicht leicht gewesen für Max, aus den Federn zu kommen. Und es war auch nicht leicht gewesen, das Klinikgebäude um diese Zeit zu verlassen.

Max Esterl war, gut eingepackt in Pullover, Trainingsjacke und Windjacke, an der zu dieser Zeit natürlich unbesetzten Rezeption vorbei zur Eingangstür geeilt, die sich normalerweise automatisch öffnete.

„Kruminale!", schoss es Max durch den Kopf, und seine wegen des frühen Aufstehens sowieso nicht allzu gute Laune verschlechterte sich zusätzlich, als er sich fast das Hirn einrannte, weil die Tür zu blieb.

Daran hatte er nicht gedacht, dass die Klinik bei Nacht geschlossen war. Was tun? Es war knapp vor vier Uhr. Der Braxei würde nicht lange warten!

Max Esterl überlegte schon, ob er nicht durch irgendein Seitenfenster aussteigen sollte, als er vom Restaurantbereich her Geräusche hörte.

Natürlich! Dort wurde jetzt bestimmt geputzt und das Frühstück vorbereitet. Max eilte durch den Empfangsbereich und sah Licht im Cafe-Stüberl. Gottseidank war da eine Reinigungsfrau am Werk! Ein junger Pakistani! Na servus! Hoffentlich konnte er sich da verständlich machen.

Der ins Wischen vertiefte Mann sah den Max überrascht an. Max machte die Drehbewegung des Aufsperrens.

„Ich muss raus. Kannst du…können Sie mir aufsperren?"

Der junge Mann verstand sofort. „Du Polisei. Krimnalpolisei!", identifizierte er den Max, suchte an seinem Schlüsselbund umständlich nach dem richtigen Schlüssel und sperrte die Hintertür auf.

Wenn das so war, dann hatte sich die Falschmeldung, dass Max von der Polizei war, bestimmt schon im halben Chiemgau rumgesprochen!

Als Max Esterl ins Freie trat, bemerkte er einen leichten Nieselregen. Darauf war er vorbereitet, denn der Wetterbericht hatte erst ab Samstag wieder richtig schönes Wetter prophezeit. Wenn es zu schlimm regnen würde, wollte der Braxei nicht fahren, aber so ein kleines Nieseln würde wohl nicht stören.

Max ging zu dem Steg, an dem die beiden Boote des Berufsfischers lagen. Trotz der Finsternis der erst beginnenden Morgendämmerung und des sich über den See breitenden Nebels sah er schon von weitem, dass der Fischer fleißig an seinem Boot hantierte.

Auch der Braxei hatte bemerkt, dass sein Fahrgast sich dem Steg näherte. Er ging zwei, drei Schritte auf Max Esterl zu und schlug ihm auf die Schulter.

„Bist aussakemma aus´m warma Bett?"

Max bejahte und fragte, ob er helfen könne.

„Naa, Kriminaler, da daatst eher stören", war die knappe Antwort. „Sitz de eine und hoit de staad. Dann störst neda."

Max tat, wie ihm geheißen, nahm im Bug des überraschend geräumigen Bootes Platz, dort wo sein Kapitän hindeutete und beobachtete dessen mit großer Routine ausgeführten Verrichtungen.

Nach wenigen Minuten hatte der Braxei alles im Boot verstaut, was er brauchte.

Er startete den Honda-Motor, machte die Leine los, gab ein wenig Gas und bugsierte das Boot weg vom Steg hinaus ins offene Wasser, hinein in den milchigen Nebelbrei, der den See überzog.

Als, nach wenigen Metern der Braxei richtig beschleunigte merkte Max erst, welche Kraft der Motor besaß. Der Schub, den er dem Boot gab, hätte Max fast vom Sitz gerissen.

Der Braxei lachte, als er sah, wie der Ex-Kommissar sich krampfhaft an seinem Sitzbrett festhielt.

Jetzt war das Boot auf Kurs und durchpflügte das grünschwarze Chiemseewasser. Schon nach kurzer Zeit hatte der Nebel den Bootssteg verschluckt. Max sah nur noch die milchige Nebelsuppe und das dunkle Wasser, in dem das Boot eine weiße Schaumspur hinterließ.

Sie waren im Nichts angelangt und sofort hatte Max Esterl jede Orientierung verloren. Er wusste nicht mehr, wo hinten und vorne war. Überall nur Nebel, Nebel, Nebel.

Max ergriff ein beklemmendes Gefühl der Verlorenheit.

Natürlich war ihm klar, dass der Braxei jeden Quadratmeter des Sees kannte wie seine Westentasche, außerdem hatte er sicher ein Navi auf seinem Handy, aber trotzdem spürte Max Esterl etwas, das ihn in den letzten Jahren immer häufiger überkam: Ein Ahnen um seine Winzigkeit, seine Kleinheit, seine Verlorenheit. Hier, in diesem undurchdringlichen Nebelmeer wurde ihm dies wieder einmal bewusst.

Der Braxei sagte nichts, nur das gleichmäßige Summen des Benzinmotors war zu hören und das rhythmische Schlagen der Wellen gegen den stählernen Rumpf des Fischerboots, das sich seinen Weg durch die graue Suppe bahnte.

Waren jetzt schon fünf Minuten vergangen, seit sie abgelegt hatten, oder zehn, oder gar eine Viertelstunde? Die Stimme des Bootsführers riss den Ex-Kommissars aus seinen trüben Gedanken.

„Erste Station."

Der Braxei drosselte den Bootsmotor und begann, sein Netz einzuholen.

„Ganz dort in dem Gebiet, wohin die Strömung eine Leich treiben könnt, samma non net, Kriminaler. Aber man weiß nie! Der See hat seine eigenen Gesetze. Und die macht er sich selber. Also: Aufpassen, Kriminaler! Schaug ausse aufn See! Vielleicht siehgst was."

Der Fischer drückte dem Max einen graugrünen Ferngucker in die Hand.

„Viel nutzen wird er heut neda, bei der Suppn."

Während der Braxei mit nur noch leicht brummendem Motor die Position hielt und das Netz einholte, starrte Max Esterl hinaus auf den See. Seine Sichtweite betrug etwa zehn bis zwanzig Meter, je nachdem, ob der Nebel sich etwas lichtete oder ob sie wieder direkt in eine Nebelbank hineinfuhren.

Nichts war zu sehen, so angestrengt er auch auf das Wasser schaute. Welle auf Welle rollte heran und brach sich glucksend am Bug des Fischerboots, aber keine brachte etwas anderes als die nächste, die folgende Welle.

Max tränten die Augen, weniger vom Wind, denn der strich nur sanft von der Leeseite (oder war es die Luvseite?) her über den See hin. So sanft, dass es ihm wohl nicht so bald gelingen würde, den für die Suche nach einer Wasserleiche so lästigen Nebel zu vertreiben.

Da? War da was? Aufgeregt nahm Max Esterl den Feldstecher zur Hand. Er hatte etwas Schwarzes im Wasser gesehen. Ehe Max das Fernglas auch nur Richtung Auge gehoben hatte, hörte er schon den Braxei lachen:

„Is a Baum, Kriminaler, schon eine Leiche, aber eine Baumleiche. A Baumstamm oder a großer Ast. Seit dem Sturm vorige Woch treibt an Hauffa Zeug da im See ummananda." Als der Fischer sah, dass Max Esterl sein Fernglas enttäuscht absetzte, lachte er wieder.

„Schau nur weiter, Kriminaler. I siehg scho guat, aber vier Aug´n sehen mehr wia zwoa!“

Also starrte Max weiter hinaus auf die endlosen grauen Wellen, bis ihm die Augen tränten.

Der Fischer ging inzwischen seiner Arbeit nach. Er holte das Netz endgültig ein, begutachtete den Fang, befreite die zappelnden Fische aus den engen Maschen des Fangnetzes und ließ sie in einen Bottich tauchen.

„Drei Saiblinge, ein paar Renken und Brachsen. Das ist in Ordnung.“

Max Esterl fand es gut, dass der Fischer ihm wenigstens einen kleinen Einblick in sein Handwerk gestattete. Saiblinge, Renken und auch noch Brachsen, die Wappenfische vom Braxei.

Max stellte sich vor, wie es unter ihnen aussehen mochte, unter dem Kiel ihres Bootes, in der ewig graugrünen Dämmerung des Seewassers. Wie die kleinen Weißfischlein sich im Schwarm bewegten, wie die größeren Fische ihre Bahnen durch das Wasser zogen, immer auf der Suche nach Nahrung, aber immer auch auf der Hut davor, gefressen zu werden.

Nur der Hecht, der alte Vielfraß trieb gelassen durch das Zwielicht und wartete darauf, dass ihm die Beute so nahe kam, bis sie nicht entwischen konnte. Ein Schnapperer, ein Zuckerer, ein Schluckerer!

Max Esterl zuckte selber zusammen. Die Bilder, die da in seinem Hirnkino abliefen, hatten ihn die Augen zumachen und zu träumen beginnen lassen.

Nicht nachlassen in der Konzentration! Weiter auf den See hinausstarren und das Gehirn auf Empfang lassen! Nicht auf den Braxei achten, der sein Netz erneut ins Wasser gleiten ließ! Beobachten, die Blicke übers Wasser schweifen lassen, auch wenn es, trotz der warmen Kleidung, schön langsam kühl wurde.

Der Ex-Kommissar kam sich vor, wie früher beim Observieren. Einmal war er, als er noch ein junger Spund war, tatsächlich während einer Observation eingeschlafen. Die Gauner, die er beobachten sollte, hatten sich sogar den Spaß gemacht, einen Zettel mit der Aufschrift „Schlaf weiter gut!" an seiner Windschutzscheibe zu befestigen, bevor sie abhauten. Zum Glück hatte man in der Zeit noch keine Aufnahmen ins Internet stellen können!

„Kruminale! Jetzt war er schon wieder abgetaucht in die Tiefen seiner Gedanken!

Max riss seine Augen auf, so weit er konnte.

Zum Glück war es schon etwas heller geworden. Max wollte einen Blick auf seine Armbanduhr werfen.

„Is scho halbe sechse."

Der Braxei hatte schon wieder seine Gedanken erraten.

„Da brauch i net auf d´Uhr schaun. Wenn i da herend bin, an der Stelle, dann iss halbe sechse."

Max Esterl schüttelte leicht den Kopf und lächelte ungläubig.

„Berufsroutine", kam die Erklärung des Fischers. „Wenn ma iatz was sehng daadnt, dann daadad ma da vorn d´Herreninsel sehgn."

Max lächelte erneut: Schon wieder so ein schöner bayerischer Konjunktiv!

Max blieb die Antwort nicht schuldig:

„Wenn i wos sehng kanntat, dann daat a ma wünschn, dass i de Wasserleich sehgad, de blahde."

„Wenn´s aso waarad, dann miassat ma Schluss macha und hoamfahrn. Dann gaabs nix mehr zum Fisch´n den heitign Tag."

„Hast aa wieder recht. Also fisch, bist gnua gfangt hast, und dann findt mas, de Leich. Kruminale!"

(Für Kenner der Bairischen Sprache sollte es möglich sein, diesen Originaldialog zwischen dem Braxei und dem Max Esterl zu verstehen. Für alle anderen hier eine Übersetzung:

„Es ist schon halb sechs."

„Da brauche ich nicht auf die Uhr zu schauen. Wenn ich da herüben bin, an der Stelle, dann ist es halb sechs.

Berufsroutine. Wenn die Sicht jetzt besser wäre, könnte man da vorne die Herreninsel sehen."

„Wenn ich was sehen könnte, wünschte ich mir, die Wasserleiche zu sehen, die aufgedunsene."

„Wenn es so wäre, müssten wir Schluss machen und heimfahren. Dann wäre der Fischfang für heute beendet."

„Da hast du auch wieder recht. Also mach zu, bis du genug gefangen hast, und dann finden wir sie, die Leiche. Kruminale!")

Max Esterl hatte das Gefühl, dass der Braxei genau wusste, wo die aufgeblähte Leiche des armen Ryba zu finden sein würde.

Aber klar: In dem Moment, wo sie die Leiche fanden, war es mit dem Fischfang zu Ende.

Der Braxei zog gerade wieder ein Netz aus dem graugrünen Chiemseewasser. Es war gut gefüllt.

„Braxen, Schleien, wieder ein paar Saiblinge, und sogar ein Hecht! Schau her, Kriminaler!"

Max hatte den Eindruck, dass der Berufsfischer mit dem heutigen Fang mehr als zufrieden war.

„Für des, dass der Sturm war, vor anderthalb Wochn, geht des eigentlich scho wieder mit dem Fang. Nach dem Sturm is des owei, wia wenn ein Mixer durch den See gfahrn wär."

„Kannt des sein, dass die Leich Auftrieb kriagt hat?"

„Is scho möglich, Kriminaler. Aber zuerst wird gfischt. Oamoi no, dann fahr ma hi zu der Stelle, wo d´Leich sein kunnt."

Max wunderte sich, wieso der Braxei da so sicher war. Und er hoffte, dass der Experte recht behalten würde. Schön langsam wurde ihm wirklich kalt und die Füße begannen ihm vom einseitigen Sitzen her einzuschlafen.

Der letzte Fang hatte auch wieder einiges gebracht.

„Passt scho, mehr brauch i heit neda", resümierte der Fischer, gab Gas und lenkte sein Boot in eine bestimmte Richtung.

Weil der Nebel sich inzwischen etwas gelichtet hatte, glaubte Max Esterl, in einiger Entfernung schemenhaft das bewaldete Ufer der Herreninsel zu erkennen.

„Und jetzt schau genau, Kriminaler!"

Der Braxei begann mit seinem Kahn Kreise zu ziehen. Langsam tuckerten die beiden Suchenden durch die sanft anschlagenden Wellen.

„Schau du da", der Braxei deutete nach rechts, „und i da."

Nichts zu sehen außer Wellen, Wellen und ein, zwei Ästen, die im Wasser dahindümpelten.

„Zehn Minuten no", sagte der Braxei. „Dann hören wir auf."

Max schaute auf seine Armbanduhr:

Tatsächlich schon halb neun! Kruminale! Wo war die Zeit hingegangen?

Wieder starrte Max auf das Wasser. Jetzt hatte der Nebel sich etwas gelichtet und die Sonne schickte einige Strahlen durch die Wolken auf den See herunter. Sie ließen das Wasser silbern glänzen und zauberten eine ganz besondere Atmosphäre. Es war, als ob der See rauchte.

Wieder ertappte sich Max dabei, dass er in Gedanken verfiel und seine Aufmerksamkeit nachließ. Noch zehn Minuten, hatte der Braxei gesagt. So lange würde er durchhalten.

„Da!"

Der Braxei wendete das Boot in eine bestimmte Richtung und gab ein wenig Gas.

Max sah nichts.

„Wo?"

Der Fischer deutete mit dem Finger auf eine Stelle etwa dreißig Meter von ihnen entfernt.

„Da! Siehgst as?"

„Wo, ich seh nichts!"

„Da vorn, da schwimmt er."

Tatsächlich! Jetzt sah Max Esterl etwas, das auf dem Wasser trieb und nicht ausschaute wie ein Baum oder ein Ast. Das Treibgut war bekleidet.

Das Treibgut war ein Mensch!

Der Ryba!

Max war erleichtert, aber gleichzeitig überkam ihn auch ein Gefühl des Mitleids mit dem Menschen, der da im See sein Grab gefunden hatte. Freilich hatte er den Ryba kaum gekannt, aber die kurze Begegnung mit ihm hatte doch so etwas wie Nähe entstehen lassen.

Und nun lag er da, mit dem Rücken nach oben, kariertes Hemd, schwarze Hose, leicht im Wellengang schaukelnd vor Max im Wasser.

Max schaute den Braxei an.

„Und jetzt?"

Der Fischer hatte schon sein Handy aus seiner Hosentasche gekramt.

„Polizei verständigen. Und bei der Leich warten."

„Geht der nicht unter? Oder schwimmt er weg?

Der Braxei schaute fast belustigt.

„Der geht nicht unter. Zumindest die nächste Zeit nicht. Und damit er nicht davon schwimmt, fixieren wir ihn a bissl."

Der Fischer hob eine Stange mit einem eisernen Haken vom Bootsboden auf und versuchte diesen Haken im Hosenbund des Toten festzumachen.

Kaum hatte er die Leiche berührt, da schien es, als ob der Ryba noch einmal zum Leben erweckt worden wäre! Max Esterl fuhr ein gehöriger Schreck in seine Glieder! Was war das? Der Leichnam tat einige grausig erscheinende Zucker, so als ob er sich im Tod noch verrenken und winden wolle, und dann wurlte es im Wasser um ihn herum und drei oder vier schwarze Schatten schossen davon in die dunkle Tiefe des Sees.

„Aale", kommentierte der Braxei lakonisch. „Die haben sich bedient bei der Leiche. Aber die hol ich mir das nächste Mal. Wird kein schöner Anblick mehr sein, wenn die von der Polizei ihn umdrehen."

Max Esterl bekam einen Anfall von Schüttelfrost. Freilich war er in seinem Berufsleben dem Tod schon oft begegnet, aber dies war nochmal eine andere Nummer.

Während die beiden Insassen des Fischerbootes auf die Wasserschutzpolizei warteten, brach die Sonne endgültig durch die aufreißende Wolkendecke und der Süden des Sees lag in einem gleißenden Licht, während der Norden samt der Herreninsel noch immer vom Nebel beherrscht wurde. Auf der einen Seite der großartige Blick über den See hinüber nach Bernau und zu den dahinter hochragenden Felsentürmen der Kampenwand und auf der anderen Seite der schon fast in Auflösung begriffene Tote, den wohl nur sein Hemd und seine Hose vor dem Zerfall bewahrten.

Max Esterl musste mit den Tränen kämpfen. War das auch eine Alterserscheinung?

Es war Zeit, dass die Eva kam und ihn heimholte. Max hatte Sehnsucht nach dem Böhmerwald.

Das Boot der Wasserschutzpolizei näherte sich den beiden schon etwa eine Viertelstunde später.

Die zwei Polizisten kannten den Braxei.

„Wird nicht leicht, den zu bergen", wandte sich der eine von ihnen, ein Älterer mit einem weißen Bart wie Käptn Iglu, an den Berufsfischer.

„Am besten wir geben ihn in die Wanne, sonst zerfällt er uns womöglich."

Die Wasserschutzpolizisten ließen routiniert eine grüne, stabile Plastikplane zu Wasser, sie und der Braxei, der geschickt und kräftig war, schoben die Plane unter den Toten und hoben sie, jeweils zwei Enden der Plane haltend, leicht an.

Es dauerte einige Zeit, bis sie die Leiche in der richtigen Position hatten, dann schlugen sie die Plane so übereinander, dass der Tote in ihr wie in einem Sack lag. Mit Hilfe einer Seilwinde hoben sie den Sack vorsichtig an und bugsierten ihn so hin, dass er auf dem Polizeiboot zu liegen kam.

Max hatte von dem um einiges tiefer liegenden Fischerboot zugeschaut, wie die Polizisten und sein Freund, der Braxei, das machten.

Max stand im Fischerboot und sein Kopf reichte genauso hoch, dass er sehen konnte, wie die Polizisten die Plane auswickelten, bis die Leiche offen auf dem Deck des Bootes lag. Max hatte beobachtet, wie sie die Plane so hingelegt hatten, dass der Ryba jetzt auf dem Rücken lag. Er machte sich bereit auf das, was jetzt auf ihn zukommen würde. Das Gesicht einer Wasserleiche war nicht schön. Die Hände vom Max klammerten sich um die Stange der Reling.

Vorsichtig und langsam schlugen die zwei Polizisten die Plane zurück. Max erkannte, dass er auf der Seite stand, an der der Kopf der Leiche war. Nässe quoll aus der Plane, als sie sich langsam öffnete. Max sah Haare, dunkle, verklebte Haare, dann hakte anscheinend etwas an der Plane und die beiden Polizisten ruckelten ein wenig mit dem Plastikstoff. Dadurch wurde der Kopf frei, er löste sich fast vom Rumpf und drehte sich genau zu Max hin, als wolle er ihn ein letztes Mal sehen. Ein aufgedunsenes, milchig blasses, schwammiges Gesicht und ein Paar grausig leerer Augenhöhlen des Toten starrten Max direkt an.

Das Gesicht des Toten war entstellt. Es war fürchterlich entstellt. Aber es war nicht so entstellt, dass Max Esterl den Toten nicht erkannt hätte!

Die schwarzen Haare, dazu das karierte Sporthemd! Und das Goldkettchen!

„Der Černý! Das ist der Černý! Der Doktor Černý von der Klinik, nicht der Ryba!"

„Der Černý, der gesucht wird?", fragte einer der Wasserschutzpolizisten den Max.

„Ja genau der."

„Und woher kennen Sie den?"

Max Esterl gab sich zu erkennen:

„Ich bin der, den der Dr. Černý am Wochenende k. o.-gespritzt und in der Klinik gefangen gehalten hat."

„Dann sind Sie der pensionierte Kriminalpolizist, der undercover in der Klinik ermittelt hat!"

Jetzt hatte sich dieses Gerücht schon in halb Oberbayern herumgesprochen. Max Esterl war froh, dass er seine Zelte hier bald abbrechen konnte.

Routiniert erledigten die zwei Chiemsee-Cops ihre weiteren Aufgaben:

Sie fotografierten die Leiche aus allen möglichen Perspektiven, sie teilten dem Max mit, dass er noch einmal vernommen werde und dass er eventuell den Dr. Černý noch ganz offiziell identifizieren müsse.

Dann stellten sie mit Hilfe eines Navigationsgerätes die Position fest, an der der Fischer Lackerschmid und sein Helfer Esterl die Leiche gefunden hatten.

Bevor die Polizisten die zwei Leichenfinder entließen, legten sie die Plastikplane wieder über die Wasserleiche und zurrten diese fest.

Danach trennten sich die Wege der beiden Boote.

Das Polizeiboot fuhr standesgemäß mit Blaulicht durch den sich immer mehr lichtenden Nebel zu seiner Einsatzstelle in Prien, während der Braxei sein Fischerboot ruhig über den See Richtung Felden tuckern ließ. Die beiden Insassen des Bootes sprachen während der Fahrt kein Wort miteinander.

Sie hatten genug zu tun mit den Bildern, die sie jetzt verarbeiten mussten.

Kapitel 27: Letztes Wochenende. Abschied

Das Wetter hatte sich geändert und es war zum Wochenende hin von Tag zu Tag besser geworden. Nach dem Schockerlebnis vom Donnerstag hatte Max Esterl versucht, seinen Kuraufenthalt die letzten eineinhalb Tage so ruhig und gelassen wie möglich zu beenden.

Natürlich waren die Pausen zwischen den Anwendungen gefüllt mit Verhören, vor allem die Frieda Freilinger wollte immer wieder etwas von Max wissen. Aber sie nahm Rücksicht auf seinen Anwendungsplan.

Sie und ihre Leute waren sowieso Dauergäste in der Klinik. Alles, was mit dem Doktor Černý zu tun hatte, wurde genauestens unter die Lupe genommen, viele der Angestellten wurden verhört, vor allem natürlich die Mandy Klimke, der man ihre Unwissenheit und Naivität nicht so ganz abnahm. Immer wieder versuchte die Frieda herauszubekommen, ob sie nicht mehr über den Hintergrund ihres Geliebten wusste.

Die Rezeptionistin aber schwieg, was wahrscheinlich für sie sogar das Beste war. Sehr viel würde man ihr nicht anhaben können, berichtete die Frieda Freilinger dem Max.

Den Ex-Kriminaler und die Kommissarin verband inzwischen ein fast schon freundschaftliches Verhältnis. Die Verhöre, die mehr einem lockeren Gespräch glichen, fanden meist in einer etwas abgeschiedenen Ecke des Cafestüberls bei Kaffee und Kuchen statt.

Frieda versprach dem Max, ihn und Eva im „Woid" zu besuchen und dabei auch ihren Mann und ihre zwei Kinder mitzunehmen. Max freute sich schon darauf. Er war sicher, dass die Eva und die Frieda sich gut verstehen würden.

Am Freitagmorgen begann schon die Abschiedsrunde, die der Kurgast Max Esterl zu absolvieren hatte: Er verabschiedete sich gebührend von allen seinen Therapeuten, besonders aber vom Strohmeier, mit dem er inzwischen auch schon Freundschaft geschlossen hatte, und der ihn in ihrer Schlusssitzung noch so prima herrichtete, dass Max den Drang verspürte, auf der Stelle die Kampenwand zu besteigen.

Die Stimmung beim Mittagessen war fast ein wenig gedrückt. Sogar der Doktor Wimmer fand ein Wort des Bedauerns: „Mir war so langweilig da in der Klinik – bis Sie gekommen sind, Herr Esterl!"

Ähnlich äußerte sich auch die Irmi, die dritte in ihrer Tischrunde. So einen spannenden Kuraufenthalt, wo sie zudem so nette Menschen kennengelernt habe, werde sie nie mehr erleben. Max glaubte sogar, dass der Kriminalfall um den Dr. Černý der Hauptgrund dafür war, dass die Irmi ihre Kur verlängern hatte lassen. Sie versprach, so bald wie möglich ihre Namenskollegin, die Irmi vom Roten Herz in Böhmisch Eisenstein zu besuchen und bat den Max, auch an den galanten Pepi viele Grüße auszurichten.

Zum Schluss überreichte sie dem Max noch einen kleinen, selbstgebackenen Kuchen.

Max Esterl verließ den Speisesaal und wollte sich zum wohlverdienten Mittagsschlaf auf sein Zimmer zurückziehen, als er sah, dass die Frieda Freilinger gerade zur Eingangstür hereinkam und direkt auf die Rezeption zusteuerte. Die Frieda entdeckte ihren Ex-Kollegen auch und deutete ihm aus der Entfernung an, dass sie ihn noch sprechen wolle.

Max zeigte mit dem Finger Richtung Kaffeestüberl und Frieda nickte.

Selbst mit seinen besten Partnern bei der Polizei, und der Ex-Kommissar hatte einige gute, hatte die Kommunikation nicht so gut funktioniert wie mit der Frieda. Sie beide waren auf einer Wellenlänge.

Max setzte sich etwas abseits an einen freien Tisch, bestellte zwei Kaffee und zwei Kirschstreusel und wartete gespannt. Sicher waren jetzt die Daten aus dem Labor schon alle bekannt.

Als sich Frieda etwa zehn Minuten später an den Tisch zu Max setzte und das Stück Kuchen und das Haferl Kaffee sah, das Max für sie bestellt hatte, huschte ein anerkennendes Lächeln über ihr Gesicht.

„Kannst du Gedanken lesen? Die Stärkung kann ich jetzt dringend gebrauchen. Ich hab gerade mit der Mandy Klimke ihren Freund, den Černý in der Pathologie identifiziert. Kein schöner Anblick! Und der Geruch! Sowas macht mich immer fertig."

Erst widmeten sich Frieda und Max ihren Kuchenstücken. Aber schon während des Essens begann die Polizistin:

„Jetzt haben wir alle Ergebnisse aus dem Labor. Deine k. o.-Mischung ist offenbar ganz neu auf dem Markt. Da hat dir der Herr Doktor etwas Feines verpasst Spürst noch was?"

Max schüttelte den Kopf.

„Dann passt es. Die Labortante hat gesagt, die Folgen für dich sollten nicht schlimmer sein, als bei einer mittleren Anästhesie."

Frieda lächelte ein wenig spitzbübisch:

„Alkohol hättest allerdings keinen trinken dürfen nach deinem Erwachen."

„Wer´s vertragt."

„Das hat die vom Labor auch gesagt. Der Doktor Černý hat sich übrigens was Stärkeres gespritzt, bevor er sich vom Boot in den See hat fallen lassen. Die Gerichtsmedizinerin hat gesagt, der Černý hat nicht einmal mehr gespürt, wie er aufs Wasser geplatscht ist. Klarer Fall von Selbstmord."

Frieda schaufelte den Rest des Kuchens vom Teller.

„Der Černý hatte sein Handy in der Hosentasche. Stell dir vor, Max, unseren Technikern ist es gelungen, das Handy auszuwerten, obwohl es so lange im See lag. Jede Menge Anrufe an eine tschechische Prepaid-Nummer am Tag seines k. o.-Sieges über dich. Da hat er wohl verzweifelt versucht, seine Kontaktperson in Prag zu erreichen, die ihn sitzen gelassen hat."

„Und dann war´s aus." Max Esterl räumte die letzten Kuchenbrösel mit der Gabel zusammen, zerdrückte und aß sie.

„Die Mandy Klimke habe ich auch noch einmal befragt, während ich mit ihr zur Pathologie bin. Da hat sie endlich ein bisschen mehr rausgelassen: Der Černý hat ihr davon erzählt, dass der Ryba ihm auf die Schliche gekommen ist und ihn erpressen wollte. Mehr aber weiß sie nicht."

„Hat sie gesagt?"

„Hat sie gesagt. Glauben tu ich ihr nicht."

***

Max Esterl verschlief den halben Nachmittag. Jetzt, wo die Spannung nachließ, merkte er, dass dieser Kuraufenthalt ihn doch ganz schön geschlaucht hatte. Aber er als Pensionist hatte ja Zeit, sich davon zu erholen.

Das eigentliche Ziel dieser Kur hatte Max erreicht:

Seine Schulter war wieder beweglich geworden und er konnte mit seinem rechten Arm alles machen, ohne dass ihn etwas schmerzte oder behinderte: Tennis und Fußball spielen, Eisstockschießen und sicher auch Langlaufen und Skifahren. Hämmern und Bohren würde er bestimmt auch können. Das sah Max auf sich zukommen, wenn die Jungen, Ziehtochter Anna und ihr Toni, wie beabsichtigt Hausbauen würden. Max freute sich schon darauf.

Besonders aber freute er sich darauf, endlich die kleine Fini mit beiden Händen hochheben zu können.

Noch mehr allerdings freute Max Esterl sich darauf, am morgigen Samstag wieder seine geliebte Eva in die Arme schließen zu können.

Zwar würde er ihr gestehen müssen, dass er doch wieder ziemlich heftig in einen Fall verwickelt gewesen war, aber diesmal hatte er bestimmt nichts dafür gekonnt und außerdem war es ja gut ausgegangen. Naja, für den Ryba und den Černý hatte es nicht so gut geendet.

Jetzt musste er nur noch überlegen, wo und wie er der Eva alles beichten sollte.

Am besten in einer wunderschönen Umgebung, dann war Eva guter Laune.

Und nach einer längeren Wanderung, dann war Eva ein wenig müde und geistig entspannt.

Und während einer guten Brotzeit, die sie beide teilten, dann entstanden Zufriedenheit und Gemeinschaftsgefühl.

Max Esterl rief die Bernauer Irmi an.

Die war verwundert, schon wieder vom Max zu hören, wo es doch keine drei Stunden her war, dass sie sich verabschiedet hatten.

„Du, Irmi, ich hab da eine Frage. Du kennst dich doch aus in den Bergen hier wie in deiner Westentasche. Kannst du mir eine Alm nennen, die man von hier aus in einer, höchstens zwei Stunden erreichen kann? Wo es schön ist, aber nicht zu überlaufen und wo meine Frau und ich gscheit Brotzeit machen können?“

Die Irmi lachte.

„Wiedersehensfeier? Da kann ich dir einen guten Tipp geben…“

Kapitel 28: Versöhnung auf der Herrenalm

Eva und Max Esterl stiegen den schmalen Steig empor zur Herrenalm. Die Empfehlung, die die Irmi ihm gestern gegeben hatte, erwies sich immer mehr als Treffer.

Schon die Anfahrt von Felden nach Bernau und herauf zum Ablinger-Hof, den ihm die Irmi als besten Ausgangspunkt für den Weg zur Alm beschrieben hatte, war schön gewesen. Das steil nach oben führende Sträßchen hatte ihnen weite Ausblicke auf den See und vor allem auch auf die bei Felden, kurz hinter der Justizvollzugsanstalt beginnende Moorlandschaft beschert. Die Filzen, wie die Einheimischen das weitläufige, geschützte Moorgebiet nannten, wollte Max unbedingt irgendwann einmal durchwandern, die Irmi hatte öfters davon geschwärmt.

Als sie ihren Wagen neben dem Ablinger Hof abstellten, kam eine Frau, die gerade im Garten gearbeitet hatte, neugierig auf sie zu.

„Ich hätt eine Frage", begann Max. „Dürfen wir hier parken? Wir wollen zur Herrenalm."

„Kein Problem, des is ja unsre Alm", antwortete die Bäuerin und schaute auf das Nummernschild des Esterlschen Wagens.

„Aber ich hab auch eine Frage."

„Bitte."

„Seid´s Ihr aus Regen?"

„Aus Regen nicht, aber aus dem Landkreis."

„Dann kennts Ihr bestimmt des drumherum, des Volksmusikfestival in Regen!"

„Wir versäumen keinen Tag vom drumherum", war Evas Antwort. „Und warum fragen Sie?"

„Mir samma doch heuer auch dabei beim drumherum, mit der Bernauer Blaskapelle. In vierzehn Tagen. Wie ist es so, beim drumherum?“

„Das kann man gar nicht beschreiben, das müssen Sie selber sehen und hören.“

Eva war, wenn es ums drumherum ging, immer ganz euphorisch.

„Vielleicht sehen mir uns ja dann in Regen. Für heut wünsch ich Euch noch einen schönen Tag.“

„Ihnen auch!“

Die Bernauer Blaskapelle beim drumherum! Das musste Max seinem Freund Pepi sagen. Der würde bestimmt extra aus Pilsen kommen für den Böhmischen Traum.

Beschwingt nahm Max Eva bei der Hand und so machten sie sich zu Fuß auf den Weg zur Alm. Von Zeit zu Zeit gewährte ihnen der Wald, durch den sie höher und höher stiegen, wunderbare Blicke hinunter zum See, der im Licht der samstäglichen Vormittagssonne silbern glänzte.

Heute bot er ein Bild des Friedens. In den vergangenen Tagen hatte Max das anders erlebt.

Immer wieder suchte sein Auge nach der Stelle, wo der Braxei und er den toten Černý im Wasser entdeckt hatten. Irgendwo in der Nähe der Herreninsel musste das sein. Wo genau, das konnte der Max bis heute nicht sagen, dafür war der Nebel vorgestern zu dicht gewesen.

Zwei Tage war das erst her, überlegte der Ex-Kommissar, zwei Tage! Kruminale! Es kam ihm schon vor, als seien Wochen vergangen seitdem!

Nach fünfviertel Stunden Wegs traten Eva und Max aus dem Wald heraus auf eine Almwiese, die jetzt, im Frühsommer, in voller Blüte stand. Eva und Max nahmen sich bei der Hand, blieben andächtig stehen und ließen das Bild, das sich ihnen bot, einige Minuten auf sich wirken.

Die bunte Blumenwiese, die Kühe, die etwas weiter oben friedlich weideten, inmitten der Wiese liegend dann die Almhütte und im Hintergrund noch die Berge, die hier allerdings eher sanfte Formen hatten. Es war ein Bild wie auf den Kalendern, die, so erinnerte sich Max, immer im Besprechungszimmer ihrer Dienststelle hingen. Während so manch langweiliger Konferenz hatte er die Kalender betrachtet und sich im Geiste auf die Almen versetzt, die dort abgebildet waren.

Jetzt waren Eva und er da, und sie konnten nicht nur die Bilder in sich aufnehmen, sondern auch den Duft der Frühsommerwiese und den Klang der Kuhglocken, der sie bis zu ihrem Ziel, der am oberen Ende der Almwiesen gelegenen Herrenalm, begleiten sollte.

In diesem Moment wusste Max Esterl, dass dies der richtige Ort war, um seiner Eva die Wahrheit zu erzählen, ohne dass sie beide gleich wieder ins Streiten kommen würden.

Der Tipp von der Irmi gestern war genau der richtige gewesen.

Nur eine kräftige und schmackhafte Almjause fehlte jetzt noch zu ihrem Glück. Max wartete, bis Eva mit ihrem Handy genügend Fotos gemacht hatte, dann stieg er gemächlich voraus, der Almhütte zu, die sie in etwa zehn Minuten erreichten.

Sie waren die ersten Gäste und suchten sich einen schattigen Platz auf der Terrasse, die zwar keinen Blick auf den See, dafür aber einen genau so schönen auf den die Alm umgebenden Wald und die Vorberge des Kampenwandmassivs boten.

Die Sennerin, Irmi hatte gestern erzählt, dass sie Kathi gerufen wurde, begrüßte sie wie alte Bekannte und fragte nach ihrem Getränkewunsch.

Max bestellte zwei Halbe Bier und schaute gar nicht erst auf die kleine Speisekarte, die ihnen die Kathi auf den Tisch gelegt hatte.

„Hast a Brotzeitbrettl mit Speck und Kas für uns zwoa?“

„Freilich, und a frisch Bauernbrot hob i aa. Gestern erst hamma bacha.“

Die Zufriedenheit vom Max steigerte sich noch einmal.

Jetzt erst ausgiebig Brotzeit machen.

Und dann gestehen! Kruminale!

Nachdem die Sennerin serviert hatte, hielt es Max nicht mehr aus.

Nach einigen kräftigen Zügen vom Bier und noch während sie beide sich ihr resches Stück Brot mit frischer Almbutter bestrichen, begann er:

„Also, Eva.“

„Du redest wie meine Schüler. Die beginnen auch, wenn sie nicht recht wissen, wie sie anfangen sollen, alle ihre Sätze mit dem Wörtchen >also<.

Also schieß los, Max! Nur Mut! Du hast doch ein Geständnis zu machen, oder?“

Max Esterl war ein wenig überrascht.

„Woher weißt du?“

„Ja meinst du, wir leben hinterm Mond, da zwischen Rachel und Arber, kurz vor der böhmischen Grenze? Warte mal!“

Eva langte nach ihrem Rucksack, den sie neben ihrer Sitzbank abgestellt hatte, kramte kurz darin, holte einen zerknitterten Zeitungsausschnitt hervor, räumte das Brotzeitbrettl kurzerhand zur Seite, legte das Blatt vor Max auf den rohgezimmerten Tisch und strich das Papier glatt.

An der Aufmachung und am Druck erkannte Max, dass es sich um einen Ausriss aus dem Bayerwald-Boten handeln musste.

Als der Ex-Kommissar die Schlagzeile las, musste er schlucken:

„Vermisster Klinikarzt tot im Chiemsee gefunden“, stand da. Kruminale!

Eva deutete mit ihrem Zeigefinger auf eine Textstelle: „Der Chiemseefischer Florian L. aus Felden bei Bernau und sein zufällig im Boot sich befindender Fahrgast, ein ehemaliger Kripobeamter, machten am Freitag einen grausigen Fund nahe der Herreninsel im Chiemsee.“

Max las weiter. Der Zeitungsartikel schilderte den Leichenfund so, als ob der Journalist mit im Boot gewesen sei.

Max schluckte erneut.

„Dann, dann weißt du alles?“

„Zumindest das, was gestern in der Zeitung stand und in den Nachrichten kam.“

Während der schweigende Max den Zeitungsausriss nochmals studierte, belegte seine Frau ihr Brot zur Hälfte mit Speck, zur Hälfte mit Käse und streute mit ihren Fingern eine gehörige Portion frisch geriebenen Kren darüber.

„Der Kren, heißt es, sorgt für Durchblick. Und den, Max, wirst du mir jetzt verschaffen. Aber nichts verschweigen und vor allem…“, Eva schaute ihren Mann streng an, „… nichts verharmlosen! Ich kenne dich, Esterl! Gestehe!“

Immer, wenn seine Eva ihn mit Nachnamen ansprach, braute sich etwas zusammen, das wusste Max aus langjähriger Erfahrung. Aber wenn seine Frau sowieso das meiste wusste und noch nicht auf dem Weg zum Scheidungsrichter war, dann bestand noch irgendwie Hoffnung.

Max legte sein Speckbrot zur Seite, trank sein Glas aus und begann sein Geständnis:

„Euer Ehren! Ich, der einfache Kassenpatient Max Esterl, weilte, wie Euer Ehren sicher wissen, zu einem Kuraufenthalt in Bernau am Chiemsee. Ortsteil Felden.“

Als Max Esterl die warme Hand seiner Eva auf der seinen fühlte, durchlief ihn ein behaglicher Schauer, behaglicher noch, als der beste Schluck Bier einen erzeugen konnte, und er erzählte weiter, diesmal ganz ernst.

Er begann mit seinem Tischgenossen, dem Tschechen Martin Ryba, der am ersten Abend so betrunken war und so unverständliches Zeug gelallt hatte, und er fuhr fort:

„Das, was ich dir jetzt erzähle, sind zum Teil meine Vermutungen. Begründete Vermutungen, aber das wird die Polizei nur rekonstruieren können. Exakt herauskriegen werden sie das wohl nie.“

Eva nickte verstehend und nahm auch einen Schluck.

„Der Ryba war ein Schlauer. Er war schon einige Tage in der Klinik und hat irgendwie gemerkt, dass mit dem ärztlichen Leiter, dem Dr. Černý, etwas nicht stimmt. Entweder hat er ihn persönlich mal irgendwo kennengelernt oder er kannte sein Bild aus den tschechischen Medien.

Der Černý war nämlich nicht immer der Dr. Schwarz, wie Dr. Černý auf Deutsch heißt. Der Černý war bis zum vorigen Jahr einer der führenden Forscher an dem Institut der Karls-Universität in Prag, das die ersten funktionierenden Corona-Tests entwickelt hat und er hat dort den Namen Dr. Čáp getragen.

Čáp heißt auf Deutsch Storch. Der Schwarzstorch! Černý – Čáp! Der Čáp hatte Humor, Kruminale!“

Max Esterl schnappte sich einen Schnitten des Speckbrotes und schlang ihn, um schnell weitersprechen zu können, in Windeseile runter.

„Und dieser Čáp, so vermute ich aus all dem was ich jetzt weiß, hat eine Menge von diesen am Anfang der Corona-Pandemie noch einmaligen und damit ungeheuer wertvollen Covid-Tests entwendet und nach Deutschland schmuggeln lassen. Er und seine Hintermänner haben sie wohl sehr teuer verkauft, teurer noch als die bayerische Politprominenz dies damals geschafft hat.

Und jetzt kommt´s:

Die Schmuggler der entwendeten Covid-Tests sind entdeckt und verhaftet worden. Und wo???"

Max hob sein Bierglas und blickte triumphierend.

Eva nickte beifällig und die beiden sagten gleichzeitig:

„Am Grenzübergang Gsenget zwischen Scheuereck und Prášily!" (Siehe „Max Esterl und das Virus")

Auch Eva hob ihr Glas und prostete dem Max zu.

Max Esterl schnappte sich den Rest seines Speckbrotes und erzählte kauend weiter:

„Dem Dr. Čáp ist darauf der Boden in Prag zu heiß geworden. Ihm war die tschechische Polizei auf den Fersen, er hat sich sehr gut gefälschte Papiere besorgt, hat sein Gespartes zusammengerafft und ist untergetaucht."

„In der Moldau unter der Karlsbrücke untergetaucht", ergänzte Eva, die offenbar langsam Gefallen an der Geschichte fand.

Oder war die Brotzeit, die sie währenddessen mit großem Appetit verzehrt hatte, der Grund für ihre Friedfertigkeit?

„Und aufgetaucht ist der Professor Storch dann mit gefälschten Papieren als Dr. Schwarz…"

„…aus dem Chiemsee“, ergänzte Eva. „Als Dr.Černý. Verstehe!“

„Ja, genau! Er hat, durch welche Beziehungen auch immer, das wird die Kripo sicher noch untersuchen, den Posten des Klinikarztes in Felden bekommen, und er hat das gar nicht schlecht gemacht. Ich war auf jeden Fall zufrieden mit ihm.“

„Aber dein Tischgenosse, der Ryba nicht!“, warf Eva ein.

„Der nicht. Und das hat dem Ryba das Leben gekostet!“ Max trank einen Schluck auf den Mann, den er nur ganz kurz kennengelernt hatte.

„Er wollte den Černý anscheinend erpressen, der hat daraufhin seine Existenz so bedroht gesehen, dass er nur einen Ausweg wusste: Ihn umbringen. Wahrscheinlich hat er ihm eine Spritze verabreicht, so wie mir…“

Weiter kam Max Esterl nicht, weil ihn seine Frau mitten im Satz unterbrach. Leichtes Entsetzen war Eva ins Gesicht geschrieben:

„Dich wollte er auch umbringen!“, rief sie mit empörter Stimme. „Esterl, vorvorgestern hast du mir noch weismachen wollen, dass du eine harmlose k. o.-Spritze bekommen hast und dein ganzer Kuraufenthalt verläuft, wie…, wie…, na wie es sich eben gehört, und jetzt erzählst du mir plötzlich, dass der Černý dich umbringen wollte!“

Das hatte Max vermeiden wollen. Unbedingt! Kruminale! Was hatte er falsch gemacht?

Zum Glück kam gerade die Sennerin nach draußen und fragte, ob es geschmeckt habe und ihre Gäste noch einen Wunsch hatten.

„Zwei Schnaps. Vom Selberbrenntn. Und für mi no oa Bier.“

„Kimmt sofort.“

Die kurze Unterbrechung hatte genügt, um Eva wieder einigermaßen ins Gleichgewicht zu bringen.

„Ich lebe ja noch, Eva, mir wollte er doch nichts antun, der Černý, ich war ja gewissermaßen unschuldig da hineingeschlittert, darum hat er mich doch auch nur betäubt."

„Unschuldig? Du? Das kann glauben, wer mag!"

„Ich schwör´s, Eva! Lass mir´s ganz zu Ende erzählen, dann wirst sehen. Und die Irmi und der Dr. Wimmer können das auch bestätigen."

„Die Irmi? Die vom Roten Herz? Das wird ja immer schöner! Was hat die denn damit zu tun?"

Nochmals hatte Max Glück, dass Kathi, die Sennerin, ihre Getränke brachte und das Geständnis unterbrochen wurde, das so unvermittelt in ein Verhör übergegangen war.

„Hats gschmeckt? So a scheena Tag. Wohl bekomms!"

Die Sennerin wollte schon gehen, als ihr etwas einzufallen schien.

„Iatz muß i scho fragen", wandte sie sich an den Max, „san Sie der von der Kripo, der aus der Zeitung, der, der im See de Leich gfundn hat? I hol´s glei de Zeitung."

Max sagte nichts. Die Sennerin rauschte davon, um die Zeitung zu holen und Eva saß da mit offenem Mund.

Nach kurzer Zeit hatte sie sich gefasst: „Jetzt steht es auch hier in der Zeitung: Der die Leiche gefunden hat! Der von der Kripo? Willst du immer noch behaupten, du seist völlig unschuldig in den Fall hineingezogen worden?"

Max nickte zerknirscht.

Die Sennerin hatte Esterls Strategie der kleinen Schritte, mit denen er Eva langsam die ganze Wahrheit schonend erzählen wollte, gehörig durcheinandergebracht.

Max bot ein Bild des Jammers, sodass die Eva fast ein wenig Mitleid mit ihm bekam.

„Erzähl weiter. Ich bin auf alles gefasst."

„Die Irmi ist, war unsere andere Tischgenossin", begann er zaghaft. „Der Ryba, der Dr. Wimmer, ich und die Irmi. A ganz a nette. Die hat uns auch die Herrenalm hier empfohlen."

Im Moment konnte der Max nicht einmal mit der Herrenalm punkten. Die Eva saß mit verschränkten Armen da und zeigte keine Regung.

„Aber dass ich weitererzähle:

Der Ryba also hat den Černý erpresst und der Černý hat ihn daraufhin umgebracht und wollte ihn einen Tag später beseitigen. Eine Sturmnacht war das, und ich hab nicht schlafen können und hab so - zufällig, Eva, rein zufällig - beobachtet, wie eine Gestalt etwas Schweres in einem Schubkarren zum See hinunter transportiert hat. Ich hab nicht geahnt, dass im Schubkarren der Ryba liegen könnte, das schwör ich. Natürlich ist uns der Ryba abgegangen, aber die Rezeptionistin von der Klinik hat gesagt, der Ryba sei kurzfristig abgereist. Die Rezeptionistin, so hat sich später herausgestellt, war übrigens die Freundin vom Dr. Černý."

Die Sennerin kam mit der Lokalzeitung, legte sie auf den Tisch und deutete mit dem Zeigefinger auf das Titelfoto, das Max und den Braxei zeigte, wie sie im Fischerboot standen. Das musste einer der Wasserschutzpolizisten gemacht haben. Kruminale!

„Des muss ja grauslich sein, so eine Wasserleich!", kommentierte die Sennerin, während sie die Brotzeitbrettl vom Tisch räumte.

Eva wurde nicht mehr fertig mit dem Kopfschütteln.

„Da fährst du ganz harmlos auf Kur, Esterl. Und was kommt heraus? Wasserleichen! Unglaublich!"

Max aber merkte, dass seine Frau den ersten Schock überwunden hatte und außerdem jetzt das Schlimmste schon gebeichtet war. Es fehlte nur noch die Absolution. So fuhr er, etwas sicherer geworden, fort:

„Dann ist der Pepi Holub zu Besuch gekommen mit der Irmi. Der Irmi vom Roten Herz in Böhmisch Eisenstein, aber das weißt du ja. Und der hat den Černý auch irgendwie erkannt. Er hat sein Bild auf einer der Werbebroschüren von der Klinik gesehen und Verdacht geschöpft.

Und dann ist es schnell gegangen: Der Ryba ist endlich als vermisst gemeldet worden und der Dr. Černý hat mich irgendwie im Verdacht gehabt, dass ich gegen ihn ermittle. Ich weiß überhaupt nicht, wie er darauf gekommen ist, ich hab nichts getan. Nichts!"

Eva schaute ungläubig. Sehr ungläubig.

„Esterl!"

„Fast nichts. Aber man kann doch so einen Verbrecher nicht davonkommen lassen. Dann hat er mich zu sich ins Untersuchungszimmer bestellt, der Dr. Černý alias Professor Čáp. Am Freitag vor einer Woche war´s. Und dann hat er endgültig gemerkt, dass es eng wird für ihn, und dann hat er mir eine Betäubungsspritze gegeben und wollte abhauen. Und ich bin eineinhalb Tage bewegungslos im Arztzimmer gelegen."

An dieser Stelle hatte Max Esterl eigentlich Mitleid von seiner Frau erwartet. Ein klein wenig nur.

Aber die bohrte ungerührt weiter:

„Und warum habt ihr ihn dann als Leiche im See gefunden?"

„Da kann man nur herumrätseln. Seine Geliebte, die mit ihm abhauen wollte, die Mandy Wuttke, hat ausgesagt, dass er auf einen Kurier aus Prag mit Geld und falschen Papieren gewartet hat. Der hat ihn wohl sitzen lassen. Sein Handy wurde ausgewertet: Er hat am Freitagabend andauernd eine tschechische Mobilnummer angerufen. Die Polizei hat auch zwei Flugtickets in seiner Wohnung gefunden, aber er war weg. Verschwunden!

Seine Freunde in Prag haben den Černý total ausgeschmiert, alles wäre aufgeflogen und er war so verzweifelt, dass er in den See gegangen ist. Er hat sich wohl ein Betäubungsspritzerl verpasst und sich fallen lassen. Der hat nicht einmal mehr gespürt, wie er ins Wasser geplatscht ist.

Und der Braxei, der Fischer und ich haben ja eigentlich die Leiche vom Ryba im See vermutet, nicht die vom Dr. Černý. Der Ryba liegt wohl noch da unten, irgendwo im Wasser."

„Der Fischer hat dich natürlich eingeladen, mit ihm mal zum Fischfang rauszufahren, so wie das die Fischer mit allen Kurgästen machen. Esterl, du Lügner!"

Eva wandte sich weg vom Max und schaute in die Berge.

„Das wird lange dauern, bis ich das verdaut habe."

Die Sennerin Kathi, die sich gerade wieder näherte, schien den letzten Satz gehört zu haben.

„Soll i vielleicht no a Schnapserl bringen, zur Verdauung? Is eahna der Speck zu fett gewesen?"

Max Esterl nickte der Sennerin stumm zu, worauf diese wieder in der Almhütte verschwand.

Als die Kathi mit zwei Stamperl Zwetschgenschnaps wiederkam, merkte sie anscheinend, dass die Stimmung zwischen Eva und Max auf dem Tiefpunkt war.

Sie stellte die zwei Gläser auf den Tisch, genau zwischen Eva und Max.

„Mit Verlaub“, begann sie und räusperte sich verlegen.

„I kann´s gar net sehgn. Es is so schee da herobn. Und Eich geht´s so schlecht.“

Kopfschüttelnd räumte die Kathi das Besteck und die Brotzeitbrettln ab und zog sich in die Almhütte zurück.

Max Esterl nahm sein Glas, hob es an und schaute zu Eva hin. Die machte zunächst keine Anstalten, es ihm gleich zu tun. Nach einer Weile aber gab sie sich einen Ruck, blickte ihrem Mann direkt in die Augen und hob ebenfalls ihr Glas.

„Hast du ein Glück, Esterl! Hier heroben ist es wirklich zu schön, das ist kein Ort zum Streiten. Das ist ein Ort zum Versöhnen.“

Nach einigen Minuten streckte die Sennerin ihren Kopf aus dem Küchenfenster, um zu fragen, ob ihre zwei Gäste noch einen Wunsch hatten. Als sie sah, dass der männliche Gast die Seite gewechselt hatte, neben der Frau saß, und den Arm um sie gelegt hatte, lächelte sie zufrieden.

Ende----Konec

Dank

Diesmal habe ich nicht nur meinen Bayer- und Böhmerwaldfreunden zu danken, die ich hier einfach aufzähle:

Meiner Frau, meinen Töchtern und Schwiegersöhnen, dem Pongratz Hans, dem Schopf Hans vom Ohetaler Verlag, Dr. Jiří Šourek und Nicole Šmídková vom Euroverlag Pilsen.

Ich möchte besonders den Freunden in Bernau danken, der Gerti und dem Arthur, die für mich die dortigen lokalen Instanzen waren.

Mein ganz spezieller Dank aber gilt dem Braxei, der mich in seiner Person als Chiemseer Berufsfischer inspiriert, mir mit Auskünften geholfen und mir sogar, wenn auch zögernd, erlaubt hat, ihn als Person in meinem Krimi erscheinen zu lassen. In Wirklichkeit ist er nicht so wortkarg, wie ich ihn im Roman beschrieben habe.

Die Qualität seiner Steckerlfische allerdings ist mit Worten nicht zu beschreiben: Die muss man probiert haben. Kruminale!

Natürlich darf ich nicht vergessen, mich bei allen Mitarbeitern und beim Chef der beschriebenen Kurklinik zu bedanken, die mich schon zwei Mal hervorragend behandelt und wieder gesund gemacht haben. Alle Personen und alle Verbrechen, die dort in meinem Krimi vorkommen, sind natürlich erfunden.

Den Ort des Verbrechens, die Umgebung der Klinik, den See und die Berge aber habe ich so beschrieben, wie ich dies erlebt habe.

Es hat lange gedauert, bis dieser **neunte** Max Esterl-Krimi erscheinen konnte. Wegen der Corona-Pandemie konnte ich nicht vor Ort recherchieren, weder in Horská Kvilda noch am Chiemsee. So musste dieser neunte Band in der

Schublade bleiben und ich habe zwischenzeitlich erst den **zehnten** Band (Max Esterl und das letzte Spiel) beendet und herausgegeben.

Das hat bei vielen treuen Lesern für Verwirrung gesorgt. Einige haben mich in ihrer Verzweiflung sogar angerufen und mir geschildert, dass sie wiederholt ihr ganzes Bücherregal nach dem neunten Band durchsucht haben. Dafür möchte ich mich hier entschuldigen. Liebe Leser, jetzt ist die Lücke geschlossen!

Siehe Max Esterl und das letzte Spiel.

Der Autor Ossi Heindl

Der Autor Ossi Heindl

Ossi Heindl verbrachte seine Kindheit und Jugend in Zwiesel im Bayerischen Wald.

Nach dem Abitur am Gymnasium Zwiesel (1970) und Studien- bzw. Referendariatsjahren in München und Würzburg kehrte Heindl als Religions- und Deutschlehrer ans Gymnasium Zwiesel zurück.

Von 1986 bis 2012 war Ossi Heindl Schulleiter am Berufsbildungszentrum des Mädchenwerks in Zwiesel.

Der Autor ist verheiratet, hat zwei Töchter und fünf Enkel, denen er möglichst oft Geschichten erzählt.

Seine Leidenschaften sind denen des Max Esterl sehr ähnlich: Schafkopfen, Sport treiben, Musik, Natur erleben und Lesen, besonders gern natürlich die Werke Karl Klostermanns.

Seit seiner Pensionierung ist bei Ossi Heindl noch das Schreiben hinzugekommen.

Foto: Conny Heindl

Sollten Sie auch kennen ...

Ossi Heindl
Max Esterl
und die Mumienkammer
Max Esterls fünfter Fall
Ein Böhmerwaldkrimi
Ohetaler Verlag

Ossi Heindl
Max Esterl
und das Wolfauslassen
Max Esterls sechster Fall
Ein Böhmerwaldkrimi
Ohetaler Verlag

Ossi Heindl
Max Esterl
und der Waldprophet
Max Esterls siebter Fall
Ein Böhmerwaldkrimi
Ohetaler Verlag

Ossi Heindl
Max Esterl
und das Virus
Max Esterls achter Fall
POLICIE ČR
Ohetaler Verlag

Ossi Heindl

Max Esterl und das letzte Spiel

Max Esterls zehnter Fall